Prós e Contras da Globalização

David Held
Anthony McGrew

Prós e Contras da Globalização

Tradução:
VERA RIBEIRO

Jorge Zahar Editor
Rio de Janeiro

Título original:
An Introduction to the Globalization Debate

Tradução autorizada da primeira edição inglesa
publicada em 2000 por Polity Press (em associação com
Blackwell Publishers), Cambridge, Inglaterra

Jorge Zahar Editor Ltda.
rua México 31 sobreloja
20031-144 Rio de Janeiro, RJ
tel.: (21) 2240-0226 / fax: (21) 2262-5123
e-mail: jze@zahar.com.br
site: www.zahar.com.br

Capa: Carol Sá e Sérgio Campante

CIP-Brasil. Catalogação-na-fonte
Sindicato Nacional dos Editores de Livros, RJ.

P959 Prós e contras da globalização / David Held, Anthony McGrew; tradução, Vera Ribeiro. — Rio de Janeiro: Jorge Zahar Ed., 2001

Tradução de: An introduction to the globalization debate
Inclui bibliografia
ISBN 85-7110-586-3

1. Relações internacionais. 2. Globalização. I. Held, David. II. McGrew, Anthony.

CDD 327.17
00-1715 CDU 327.3

Sumário

Introdução 7

1. Conceituando a globalização 11
Um conceito básico de globalização 12
O mito da globalização 14
A resposta dos globalistas 18

2. Reconfiguração do poder político? 24
A formação e a supremacia do Estado moderno 25
Por uma política global 31

3. O destino da cultura nacional *37*
A história da cultura nacional: o recurso dos céticos 37
Globalização cultural 43

4. Uma economia global? 48
A persistência das economias nacionais 49
A nova economia global 58

5. Nações divididas, mundo desregrado 69
Rumo a um só mundo? 70
O desafio da desigualdade duradoura 74

6. Ordens mundiais, futuros normativos 79
Comunitarismo político 79
Uma ética global 82

Conclusão 91
Referências bibliográficas 96

Introdução

Na última década, o fenômeno da globalização — seja ele real ou ilusório — captou a imaginação popular. Numa época de mudanças globais profundas e inquietantes, na qual as ideologias tradicionais e as teorias grandiosas parecem ter pouco a oferecer ao mundo, a idéia da globalização adquiriu a aura de um novo paradigma. Convocado a explicar fenômenos tão variados quanto o valor do euro, a popularidade mundial de *Guerra nas estrelas* e a ascensão da política da Terceira Via e do fundamentalismo religioso, o discurso da globalização parece oferecer uma análise convincente da condição humana contemporânea. Tal como a idéia da modernização, que ganhou preponderância intelectual nas ciências sociais durante a década de 1960, a noção de globalização tornou-se hoje o *leitmotiv* de nossa época.

Embora as referências da mídia à globalização tenham-se tornado comuns nas duas últimas décadas, o conceito em si remonta a um período muito anterior. Sua origem está no trabalho de muitos intelectuais do século XIX e início do século XX, desde sociólogos como Saint-Simon até estudiosos de geopolítica como MacKinder, que reconheceram que a modernidade estava integrando o mundo. Mas foi somente nos anos 60 e início dos anos 70 que o termo "globalização" passou a ser efetivamente usado. Essa "idade áurea" da rápida expansão da interdependência política e econômica — muito especialmente entre as nações ocidentais — gerou muita reflexão sobre as insuficiências das abordagens ortodoxas sobre a política, a economia e a cultura, que presumiam uma separação rigorosa entre as questões internas e externas, os campos nacional e internacional, o local e o global. É que, num mundo mais interdependente, os acontecimentos mundiais no exterior iam rapidamente surtindo impacto internamente, enquanto os acontecimentos do país tinham conseqüências externas. No contexto de um debate sobre a crescente inter-relação das questões humanas, a teoria sistêmica mundial, as teorias sobre a interdependência complexa e a própria idéia de globalização despontaram como explicações basicamente rivais dos processos pelos quais os destinos das nações e dos povos estavam ficando mais entrelaçados (Modelski, 1972; Wallerstein, 1974; Keohane e Nye, 1977). Depois do colapso do socialismo de Estado e da consolidação mundial do capitalismo, a discussão acadêmica e popular da globalização teve uma intensificação drástica. Coincidindo com a rápida difusão da revolução nas informações, esses fatos pareceram confirmar a crença de que o mundo estava se transformando rapidamente num espaço social e econômico comum — pelo menos para seus habitantes mais abastados. Entretanto, quer a idéia de globalização ajude ou dificulte nossa compreensão da condição humana contemporânea e das estratégias para melhorá-la, ela constitui hoje um tema de intenso debate intelectual e popular. Isso porque, à medida que se tornou mais volúvel, o burburinho global passou a convidar a um maior exame crítico dessas questões. Em suma, teve início o grande debate sobre a globalização.

A tentativa de compreender esse debate apresenta dificuldades consideráveis, de vez que não existem linhas de contestação definitivas ou fixas. Ao contrário, há uma coexistência de conversas múltiplas (embora sejam poucos os diálogos verdadeiros) que, em conjunto, não proporcionam de imediato uma caracterização coerente ou simples. Dentro das tradições compartilhadas da investigação sociológica, seja da economia neoclássica, seja da teoria sistêmica mundial, nenhuma explicação singular da globalização atingiu o status de uma ortodoxia. Ao contrário, as avaliações rivais continuam a ordenar a discussão. Tampouco as tradições ideológicas dominantes do conservadorismo, do liberalismo ou do socialismo oferecem interpretações coerentes de uma era globalizante, ou respostas a ela. Assim como alguns conservadores e socialistas encontram razões comuns para descartar a importância da globalização, outros, de convicções políticas semelhantes, vêem-na como uma nova e dramática ameaça a valores muito prezados. Aliás, a própria idéia de globalização parece perturbar os paradigmas estabelecidos e as ortodoxias políticas. Freqüentemente, pouca ou nenhuma correspondência consistente se evidencia entre as posições adotadas pelos protagonistas do debate sobre a globalização e seus compromissos ideológicos ou intelectuais particulares.

Mesmo aceitando essa heterogeneidade, é viável identificar um conjunto de argumentos em torno de uma fissura emergente entre os que consideram que a globalização contemporânea é um acontecimento histórico real e significativo — os globalistas — e aqueles que a concebem como uma construção primordialmente ideológica ou mítica de valor explicativo marginal — os céticos. É claro que esse é um dualismo muito grosseiro, já que destaca duas interpretações conflitantes dentre diversas teses e opiniões. Mas, tal como são usados aqui, esses rótulos — globalistas e céticos — referem-se a construções de um tipo ideal. Os tipos idéias são recursos heurísticos que ordenam um campo de investigação e identificam as áreas primárias de consenso e dissensão. Eles ajudam a esclarecer as linhas-mestras de argumentação e, com isso, a estabelecer os pontos de discordância fundamentais. Proporcionam uma via de acesso à confusão de vozes que se enraíza na literatura sobre a globalização, mas que, por definição, não corresponde a nenhum trabalho, autor ou posição ideológica isolados.

Nem a tese dos céticos nem a dos globalistas, é claro, esgotam a complexidade ou as sutilezas das interpretações da globalização encontradas na bibliografia existente. Até no interior de cada posição existem diferenças consideráveis de ênfase com respeito a questões de interpretação histórica e de argumentação normativa. Essas diferenças se evidenciarão na discussão que se segue.

Para explorar o debate sobre a globalização, construímos a análise em torno dos temas cruciais abordados tanto na literatura globalista quanto na cética. O capítulo 1 (Conceituando a globalização) começa por uma visão geral das questões históricas e conceituais que cercam a idéia de globalização. O capítulo 2 (Reconfiguração do poder político?) concentra-se na controvérsia referente ao moderno Estado-nação: a continuação de sua primazia versus sua transformação. Aprofundando essa discussão, o capítulo 3 (O destino da cultura nacional) ilumina o debate sobre as ramificações culturais da globalização, particularmente com respeito à questão da cultura e da identidade nacionais. Os capítulos 4 (Uma economia global?) e 5 (Nações divididas, mundo desregrado) concernem à natureza da economia global contemporânea e a suas conseqüências para os padrões de desigualdade global. Por último, destacando as questões da justiça social e da ordem mundial, o capítulo 6 (Ordens mundiais, futuros normativos) examina as considerações normativas levantadas no debate sobre a globalização.

1. Conceituando a globalização

Não existe uma definição única e universalmente aceita para a globalização. Como acontece com todos os conceitos nucleares das ciências sociais, seu sentido exato é contestável. A globalização tem sido diversamente concebida como ação à distância (quando os atos dos agentes sociais de um lugar podem ter conseqüências significativas para "terceiros distantes"); como compressão espaço-temporal (numa referência ao modo como a comunicação eletrônica instantânea vem desgastando as limitações da distância e do tempo na organização e na interação sociais); como interdependência acelerada (entendida como a intensificação do entrelaçamento entre economias e sociedades nacionais, de tal modo que os acontecimentos de um país têm um impacto direto em outros); como um mundo em processo de encolhimento (erosão das fronteiras e das barreiras geográficas à atividade socioeconômica); e, entre outros conceitos, como integração global, reordenação das relações de poder inter-regionais, consciência da situação global e intensificação da interligação inter-regional (Harvey, 1989; Giddens, 1990; Rosenau, 1990; Jameson, 1991; Robertson, 1992; Scholte, 1993; Nierop, 1994; Geyer e Bright, 1995; Johnston et al., 1995; Zürn, 1995; Albrow, 1996; Kofman e Youngs, 1996; Held et al., 1999). O que distingue essas definições é a ênfase diferenciada que se dá aos aspectos materiais, espaço-temporais e cognitivos da globalização. Vale a pena nos determos por um momento nesse conjunto tripartite de características, para estabelecer uma concepção geral da globalização antes de nos voltarmos para o debate sobre seu valor analítico e explicativo potencial.

Um conceito básico de globalização

A globalização tem um aspecto inegavelmente material, na medida em que é possível identificar, por exemplo, fluxos de comércio, capital e pessoas em todo o globo. Eles são facilitados por tipos diferentes de infra-estrutura — física (como os transportes ou os sistemas bancários), normativa (como as regras do comércio) e simbólica (a exemplo do inglês usado como língua franca) — que criam as precondições para formas regularizadas e relativamente duradouras de interligação global. Em vez de falar de contatos ao acaso, a globalização se refere a esses padrões arraigados e duradouros de interligação mundial. Mas o conceito de globalização denota muito mais do que a ampliação de relações e atividades sociais atravessando regiões e fronteiras. É que ele sugere uma magnitude ou intensidade crescente de fluxos globais, de tal monta que Estados e sociedades ficam cada vez mais enredados em sistemas mundiais e redes de interação. Em conseqüência disso, ocorrências e fenômenos distantes podem passar a ter sérios impactos internos, enquanto os acontecimentos locais podem gerar repercussões globais de peso. Em outras palavras, a globalização representa uma mudança significativa no alcance espacial da ação e da organização sociais, que passa para uma escala inter-regional ou intercontinental. Isso não significa que, necessariamente, a ordem global suplante ou tenha precedência sobre as ordens locais, nacionais ou regionais da vida social. Antes, estas podem inserir-se em conjuntos mais amplos de relações e redes de poder inter-regionais. Assim, as limitações do tempo social e do espaço geográfico, que são coordenadas vitais da vida social moderna, já não parecem impor barreiras fixas a muitas formas de interação ou organização social, como atestam a existência da Internet e a negociação em mercados financeiros globais durante as 24 horas do dia. À medida que as distâncias "encolhem", aumenta também a velocidade relativa da interação social, de tal modo que crises e acontecimentos em partes distantes do mundo, a exemplo da crise econômica do Leste asiático em 1997, passam a ter um impacto mundial imediato que implica um tempo menor de reação para os responsáveis pela tomada de decisões. A globalização gera uma certa mudança cognitiva, que se expressa numa conscientização popular crescente do modo como os acontecimentos distantes podem afetar os destinos locais (e vice-versa), bem como em percepções públicas da redução do tempo e do espaço geográfico.

Dito em termos simples, a globalização denota a escala crescente, a magnitude progressiva, a aceleração e o aprofundamento do impacto dos fluxos e padrões inter-regionais de interação social. Refere-se a uma mudança ou transformação na escala da organização social que liga comunidades distantes e amplia o alcance das relações de poder nas grandes regiões e continentes do mundo. Mas não deve ser entendida como algo que prenuncia o surgimento de uma sociedade mundial harmoniosa, ou de um processo universal de interação global em que haja uma convergência crescente de culturas e civilizações. É que a consciência da interligação crescente não apenas gera novas animosidades e conflitos, como pode também alimentar políticas reacionárias e uma xenofobia arraigada. Uma vez que um segmento significativo da população mundial não é diretamente afetado pela globalização, ou fica basicamente excluído de seus benefícios, ela é um processo profundamente desagregador e, por isso mesmo, vigorosamente contestado. A desigualdade da globalização garante que ela fique longe de ser um processo universal, uniformemente experimentado em todo o planeta.

O mito da globalização

Para os céticos, é precisamente esse tipo de ressalva que torna o próprio conceito de globalização profundamente insatisfatório. A pergunta que eles formulam é: o que é o "global" na globalização? (Hirst, 1997). Se o global não pode ser interpretado literalmente como um fenômeno universal, falta uma especificidade clara ao conceito de globalização. Também é problemática uma concepção mais relativista ou subjetivista do global que simplesmente o conceba em termos do ápice de uma hierarquia de escalas espaciais de organização e interação sociais que vai do local para o nacional, o regional e o global. Sem referenciais geográficos claros, como é possível distinguir o internacional ou o transnacional do global, ou, a propósito, os processos de regionalização dos processos de globalização? É precisamente pelo fato de grande parte da literatura sobre a globalização não especificar os referenciais espaciais do global que, segundo a argumentação dos céticos, o conceito torna-se tão amplo que fica impossível operacionalizá-lo em termos empíricos; portanto, ele é basicamente sem sentido como veículo de compreensão do mundo contemporâneo.

Ao interrogar o conceito de globalização, os céticos em geral procuram estabelecer uma prova conclusiva da tese da globalização. Na maioria dos casos, isso implica a construção de um modelo abstrato de economia global, cultura global ou sociedade mundial e a avaliação de até que ponto as tendências contemporâneas correspondem a ele (Sterling, 1974; Perlmutter, 1991; Dore, 1995; Boyer e Drache, 1996; Hirst e Thompson, 1996). Em muitos desses modelos está inserida uma concepção da economia globalizada ou da sociedade global como semelhante à economia nacional ou à sociedade em geral. Outros críticos da tese globalista procuram avaliar até que ponto as tendências contemporâneas se comparam com o que diversos historiadores da economia afirmaram ter sido a *belle époque* da globalização, a saber, o período de 1890 a 1914 (Gordon, 1988; Jones, 1995; Hirst, 1997). Em ambos os casos, há um forte pressuposto de que os dados estatísticos em si podem determinar a "verdade" sobre a globalização. Nesse aspecto, a análise dos céticos decididamente descarta o valor descritivo ou explicativo desse conceito. Em vez de globalização, os céticos concluem que uma conceituação mais válida das tendências atuais seria captada pelos termos "internacionalização" — isto é, laços crescentes entre economias ou sociedades nacionais essencialmente distintas — e "regionalização" ou "triadização" — o agrupamento geográfico de trocas econômicas e sociais transfronteiriças (Ruigrok e Tulder, 1995; G. Thompson, 1998a; Weiss, 1998; Hirst e Thompson, 1999). Esse é um argumento a favor da continuidade da primazia do território, das fronteiras e dos governos locais e nacionais na distribuição e localização do poder, da produção e da riqueza na ordem mundial contemporânea. No entanto, surge um enigma: como explicar a desarticulação entre o difundido discurso sobre a globalização e as realidades de um mundo em que, em sua maioria, as rotinas da vida cotidiana são dominadas por circunstâncias locais e nacionais?

Em vez de proporcionar esclarecimentos sobre as forças que moldam a ordem mundial contemporânea, o conceito de globalização, no dizer de muitos céticos, desempenha função bem diferente. Em síntese, o discurso sobre a globalização é entendido como uma construção primordialmente ideológica — um mito conveniente, que, em parte, ajuda a justificar e legitimar o projeto global neoliberal, isto é, a criação de um livre mercado global e a consolidação do capitalismo anglo-americano nas principais regiões econômicas do mundo (Callinicos et al., 1994; Gordon, 1988; Hirst, 1997; Hoogvelt, 1997). Nesse aspecto, o conceito de globalização funciona como um "mito necessário", através do qual os políticos e governos disciplinam seus cidadãos para que eles satisfaçam os requisitos do mercado global. Não surpreende, portanto, que a discussão da globalização tenha se difundido tanto no exato momento em que o projeto neoliberal — o consenso washingtoniano sobre desregulamentação, privatização, programas de ajuste estrutural (PAEs) e limitação do governo — consolidou sua dominação nas principais capitais do Ocidente e em instituições globais como o FMI.

Freqüentemente associado a essa postura cética está um sólido apego a uma ontologia essencialmente marxista ou realista. A análise marxista tradicional considera que o capitalismo, como ordem social, tem uma lógica expansionista patológica, uma vez que, para manter os lucros, o capital precisa estar constantemente explorando novos mercados. Para sobreviver, o capitalismo nacional tem que ampliar continuamente o alcance geográfico das relações sociais capitalistas. A história da moderna ordem mundial é a história das potências capitalistas ocidentais dividindo e redividindo o mundo em zonas econômicas exclusivas. Hoje em dia, argumenta-se, o imperialismo assumiu nova forma, de vez que os impérios formais foram substituídos por novos mecanismos de controle e supervisão multilaterais, como o G7 e o Banco Mundial. Nessas condições, a época atual é descrita por muitos marxistas não em termos de globalização, mas, ao contrário, como uma nova modalidade de imperialismo ocidental, dominado pelas necessidades e requisitos do capital financeiro nas grandes nações capitalistas do mundo (Van der Pijl, 1999).

Também o realismo apresenta a ordem internacional existente como primordialmente constituída pelos atos das nações que são econômica e militarmente mais poderosas (e de seus agentes). Por conseguinte, afirma-se que a internacionalização das relações econômicas ou sociais depende das políticas e preferências das grandes potências do momento, visto que só elas têm poderio militar e econômico suficiente para criar e manter as condições necessárias a uma ordem internacional (liberal) aberta (Waltz, 1979). Sem o exercício do poderio norte-americano, sugere essa argumentação, a ordem mundial liberal existente que sustenta a recente intensificação da interdependência internacional acabaria entrando em colapso (Gilpin, 1987). Isso leva a um outro aspecto crucial, a saber, o fato de que historicamente as ordens liberais são pouco propensas a durar, uma vez que, num sistema em que as nações estão em luta constante pela dominação, a força dos Estados hegemônicos acaba tendo uma vida finita. Como tendem a afirmar muitos céticos, sem uma nação hegemônica para policiar o sistema liberal, como no período de 1919-39, seguem-se a corrida para a auto-suficiência econômica e a ruptura da ordem mundial (Gilpin, 1981). Em última análise, segundo essa interpretação, a interdependência internacional é uma situação temporária e contingente.

A resposta dos globalistas

A visão globalista rejeita a afirmação de que o conceito de globalização pode ser simplesmente descartado como um constructo puramente ideológico, ou como sinônimo do imperialismo ocidental. Embora não negue que o discurso da globalização pode realmente servir aos interesses de poderosas forças sociais do Ocidente, a explicação globalista enfatiza também que ele reflete mudanças estruturais reais na escala da organização social moderna. Isso se evidencia, entre outras manifestações, pelo crescimento das empresas multinacionais, pelos mercados financeiros mundiais, pela difusão da cultura popular e pelo destaque dado à degradação ambiental do planeta. Em vez de conceber a globalização como um fenômeno exclusivamente econômico, a análise globalista confere um status equiparável a outras dimensões da atividade social. Esse apego a uma concepção diferenciada ou multidimensional da globalização reflete uma compreensão weberiana e/ou pós-marxista e pós-estruturalista da realidade social, que a considera composta de diversas ordens institucionais ou redes de poder distintas: as de natureza econômica, tecnológica, política, cultural, natural etc. (Mann, 1986; Giddens, 1990). Reduzir a globalização a uma lógica puramente econômica ou tecnológica é tido como profundamente equivocado, pois desconhece a complexidade intrínseca das forças que moldam as sociedades modernas e a ordem mundial. Assim, a análise globalista parte de uma concepção da globalização como um conjunto de processos inter-relacionados que operam através de todos os campos primários do poder social, inclusive o militar, o político e o cultural. Não existe, porém, um pressuposto apriorístico de que o padrão histórico ou espacial de globalização, em cada um desses campos, seja idêntico ou sequer comparável. Nesse aspecto, não se presume que os padrões da globalização cultural, por exemplo, reproduzam necessariamente os padrões da globalização econômica. A visão globalista promove uma concepção da globalização que reconhece essa diferenciação, admitindo a possibilidade de que ela avance em ritmos diferentes, com geografias distintas, em campos distintos.

É central nessa concepção globalista a ênfase nos atributos espaciais específicos da globalização. Procurando diferenciar as redes e sistemas globais dos que operam em outras escalas espaciais, como a local ou a nacional, a análise globalista identifica a globalização, primordialmente, com as atividades e relações que se materializam em escala inter-regional ou intercontinental (Geyer e Bright, 1995; Castells, 1996; Dicken, 1998). Isso envolve os globalistas na tentativa de estabelecer distinções analíticas mais exatas entre o conceito de globalização e os conceitos de regionalização e localização, isto é, a articulação das relações entre Estados geograficamente contíguos e o agrupamento das relações sociais dentro dos Estados, respectivamente (Dicken, 1998). Feito isto, entretanto, a relação entre a globalização e essas outras escalas da organização social não é tipicamente concebida em termos hierárquicos ou contraditórios. Ao contrário, as inter-relações entre essas escalas diferentes são consideradas fluidas e dinâmicas.

A tentativa de fazer uma especificação mais sistemática do conceito de globalização é também complementada pela importância atribuída a suas formas temporais ou históricas. Em vez de tentar avaliar como as tendências globais contemporâneas se comparam a tal ou qual modelo abstrato de um mundo globalizado, ou de simplesmente comparar a magnitude dos fluxos globais entre épocas diferentes, a análise globalista recorre a formas sócio-históricas de análise. Isso implica situar a globalização contemporânea dentro do que o historiador francês

Braudel denominou de perspectiva da *longue durée*, isto é, os padrões de longo prazo da mudança histórica secular (Helleiner, 1997). Como se confirma pela existência de religiões mundiais pré-modernas, a globalização não é apenas um fenômeno da era moderna. Compreender a globalização contemporânea exige que ela seja situada no contexto das tendências seculares do desenvolvimento histórico mundial (Modelski, 1972; Hodgson, 1993; Mazlish e Buultjens, 1993; Bentley, 1996; Frank e Gills, 1996; Clark, 1997; Frank, 1998). Mas esse desenvolvimento, como a análise globalista também reconhece, é pontuado por fases distintas — desde a época do descobrimento do mundo até a *belle époque* dos anos do entre-guerras, nas quais o ritmo da globalização parece intensificar-se, ou às vezes, ao contrário, regredir (Fernández-Armesto, 1995; Geyer e Bright, 1995). Compreender a globalização contemporânea implica recorrer ao conhecimento do que diferencia essas fases distintas, inclusive o modo como esses sistemas e padrões de interligação global se organizam e reproduzem, suas diferentes geografias e histórias e a configuração mutável das relações de poder inter-regionais. Por conseguinte, a análise globalista amplia o conceito de globalização, de modo a abarcar a idéia de suas formas históricas distintas. Isso requer um exame de como os padrões de globalização, dentro e entre os diferentes campos de atividade, se comparam e contrastam ao longo do tempo.

Essa tradição particular da análise sócio-histórica estimula a concepção da globalização como um processo um tanto indeterminado, pois não se inscreve numa lógica preordenada que presuma uma trajetória histórica ou um estado final únicos, isto é, o surgimento de uma única sociedade mundial ou civilização global. Na verdade, há uma intensa resistência ao pensamento teleológico ou determinista. A globalização, argumenta-se, é movida por uma confluência de forças e incorpora tensões dinâmicas. Como já foi assinalado, a análise globalista descarta o pressuposto de que seja possível explicar a globalização unicamente em referência aos imperativos do capitalismo ou da tecnologia (Axford, 1995). Tampouco se pode entendê-la como uma simples projeção da modernidade ocidental por todo o globo (Giddens, 1990). Ela é considerada, antes, um produto de forças múltiplas que incluem os imperativos econômicos, políticos e tecnológicos, além de fatores conjunturais específicos, como, por exemplo, a criação da antiga Rota da Seda ou o colapso do socialismo de Estado. Ela não tem um padrão fixo ou predeterminado de desenvolvimento histórico. Além disso, uma vez que atrai e empurra as sociedades para direções diferentes, ela gera, simultaneamente, cooperação e conflito, integração e fragmentação, exclusão e inclusão, convergência e divergência, ordem e desordem (Harvey, 1989; Giddens, 1990; Robertson, 1992; Hurrell e Woods, 1995; Rosenau, 1997). Rejeitando as interpretações historicistas ou deterministas da globalização, a análise globalista convida a uma concepção aberta da mudança global, e não a uma visão fixa ou singular do mundo globalizado.

É central nessa interpretação globalista, entretanto, uma concepção da mudança global que implica uma reordenação significativa dos princípios organizadores da vida social e da ordem mundial. Três aspectos dela tendem a ser identificados na literatura globalista, quais sejam, a transformação dos padrões dominantes da organização socioeconômica, a do princípio territorial e a do poder. Ao fazer desaparecerem as limitações do espaço e do tempo nos padrões de interação social, a globalização cria a possibilidade de novas formas de organização social transnacional, como, por exemplo, as redes de produção e regimes reguladores globais, ao mesmo tempo que torna as comunidades de determinados lugares vulneráveis às condições ou aos acontecimentos globais, como ocorreu no caso da decisão da Organização Mundial do Comércio sobre a guerra da banana entre a União Européia e os Estados Unidos, com suas conseqüências para os produtores de banana das ilhas Windward.

Ao transformar o contexto e as condições da interação e da organização sociais, a globalização também implica uma reordenação das relações entre o território e o espaço socioeconômico e político. Dito em termos simples, à medida que as atividades econômicas, sociais e políticas transcendem cada vez mais as regiões e as fronteiras nacionais, isso representa um desafio direto para o princípio territorial da organização social e política moderna. Esse princípio pressupõe uma correspondência direta entre a sociedade, a economia e a organização política num território nacional exclusivo e delimitado por fronteiras. Mas a globalização rompe essa correspondência, na medida em que a atividade social, econômica e política já não pode ser entendida como tendo limites idênticos aos das fronteiras territoriais nacionais. Isso não significa que o território e a localização estejam se tornando irrelevantes, mas que, nas condições da globalização contemporânea, eles são reinventados e reconfigurados, isto é, inseridos num contexto global e postos em competição cada vez maior uns com os outros (Castells, 1996; Dicken, 1998). Esta última questão se liga ao terceiro e último aspecto das transformações identificadas na literatura globalista, ou seja, à transformação das relações de poder.

Há no cerne da análise globalista uma preocupação com o poder: seus aspectos instrumentais, sua configuração, sua distribuição e seus impactos. A globalização é tida como expressando a escala crescente em que o poder é organizado e exercido. Nesse aspecto, ela implica a reordenação das relações de poder entre e através das principais regiões do mundo, de tal modo que as sedes centrais do poder e as que lhes ficam submetidas encontram-se, muitas vezes, a oceanos de distância. Parafraseando Jameson, nas condições da globalização contemporânea, a verdade do poder já não reside nos locais em que ele é imediatamente experimentado (Jameson, 1991). As relações de poder estão profundamente inscritas na dinâmica da globalização, como é confirmado pelas discussões permanentes sobre suas implicações para o Estado-nação.

2. Reconfiguração do poder político?

A vida social contemporânea é associada ao Estado moderno, que especifica a forma adequada de quase todos os tipos de atividade humana. O Estado parece ser onipresente, regulando as condições da vida desde a certidão de nascimento até o atestado de óbito. Do policiamento das atividades cotidianas até o provimento da educação e a assistência à saúde, a expansão sistemática do poder estatal parece incontestável. Quantitativamente, o crescimento do Estado, desde o tamanho de seu orçamento até o alcance de sua jurisdição, é uma das poucas realidades realmente incontestes do século XX. Considerando-se muitas medidas fundamentais do poder político (por exemplo, a capacidade de aumentar impostos e receitas e a possibilidade de lançar uma força concentrada contra os inimigos), os Estados, pelo menos na maior parte do mundo da Organização de Cooperação e Desenvolvimento Econômico (OCDE), são tão poderosos quanto seus antecessores, se não mais (Mann, 1997). Os céticos dão grande importância a isso, como também à ascensão e à dominação do Estado moderno em geral. É útil descrevermos essa posição, assim como suas muitas implicações para a forma e a distribuição do poder político, antes de examinarmos a análise alternativa dos globalistas.

A formação e a supremacia do Estado moderno

O exercício de um papel abrangente pelo Estado moderno é relativamente novo na história humana, até mesmo no lugar que lhe deu origem — a Europa Ocidental. Mil anos atrás, por exemplo, o habitante de um povoado inglês conhecia poucas coisas da vida fora dele; a aldeia era o começo e, praticamente, o fim de seu mundo. Talvez ele visitasse a cidade mercantil mais próxima, porém dificilmente se aventuraria a ir mais longe; é provável que reconhecesse o nome do rei, embora raramente ou nunca o visse; e é bem possível que tivesse mais contato com representantes da Igreja do que com qualquer líder "político" ou militar (Lacey e Danziger, 1999). E embora, quinhentos anos depois, duas formas de regime político — as monarquias absolutista e constitucional — estivessem começando a se cristalizar em todo o continente europeu, a Europa mais parecia um mosaico de poderes, com reivindicações e jurisdições políticas superpostas (Tilly, 1975; Poggi, 1978). Ainda não havia nenhum governante ou Estado soberano, no sentido de que exercesse a supremacia sobre um território delimitado e uma população.

Os Estados modernos surgiram na Europa ocidental e em seus territórios coloniais nos séculos XVIII e XIX, embora suas origens remontem ao fim do século XVI (Skinner, 1978; Held, 1995, caps.2-3). A princípio, distinguiram-se das formas de dominação política anterior por afirmarem uma simetria e correspondência características entre a soberania, o território e a legitimidade. O aprimoramento do conceito de soberania foi crucial para esse fenômeno, pois ele encerrava um direito especial ao exercício legítimo do poder político num reino circunscrito — o direito de governar um território delimitado (ver Skinner, 1978). Os Estados modernos desenvolveram-se como Estados-nação — corpos políticos separados de governantes e governados, com jurisdição suprema sobre uma área territorial demarcada, respaldados pelo direito ao monopólio da força coercitiva e gozando de legitimidade em decorrência da lealdade ou do consentimento de seus cidadãos. As grandes inovações do Estado-nação moderno — a territorialidade que fixa fronteiras exatas, o controle monopolista da violência, a estrutura impessoal do poder político e a afirmação singular da legitimidade, com base na representação e na responsabilização — marcaram seus traços definidores (e, às vezes, frágeis). O poder regulador desses Estados expandiu-se durante toda a era moderna, criando — embora com diferenças nacionais expressivas — sistemas de governo unificado nos territórios demarcados, administração centralizada, mecanismos concentrados e mais eficientes de administração fiscal e distribuição dos recursos, novos tipos de formulação e imposição das leis, exércitos profissionais permanentes, capacidade bélica concentrada e, ao mesmo tempo, relações formais complexas entre os Estados, através do desenvolvimento da diplomacia e das instituições diplomáticas (P. Anderson, 1974; Giddens, 1985).

A consolidação do poder dos principais Estados-nação europeus fez parte de um processo em que se criou uma associação internacional dos Estados, primeiro na própria Europa e, mais tarde, à medida que a Europa se expandiu pelo globo, em diversas regiões, conforme as exigências européias a suas colônias foram sendo impostas e encontrando resistência (Ferro, 1997). Essa "associação de Estados" enunciou as regras formais que todos os Estados soberanos e autônomos teriam que adotar, em princípio, para se tornarem membros plenos, e em iguais condições, da ordem internacional das nações. É comum atribuir-se a origem dessa ordem aos Tratados de Paz de Westfalia de 1648, que puseram fim à Guerra dos Trinta

Anos (ver Falk, 1969; Krasner, 1995; Keohane, 1995). Porém é mais conveniente entender o sistema de normas codificado em Westfalia como um sistema que criou uma *trajetória normativa* no direito internacional, que só veio a receber sua articulação mais completa no fim do século XVIII e início do XIX. Foi durante esse período que a soberania territorial, a igualdade formal entre os Estados, a não intervenção nos assuntos internos de outros Estados reconhecidos e o consentimento do Estado, como pedra fundamental dos acordos jurídicos internacionais, tornaram-se os princípios nucleares da ordem internacional moderna (ver Crawford e Marks, 1998). É claro que, paradoxalmente, a consolidação dessa ordem em todo o mundo teria que esperar pelo declínio de seus primeiros protagonistas — as potências européias — e pelo início formal da descolonização, depois da II Guerra Mundial. Mas talvez seja lícito dizer que foi somente no fim do século XX que a ordem internacional moderna dos Estados tornou-se verdadeiramente global, pois foi apenas com o fim de todos os grandes impérios — europeu, norte-americano e, por último, soviético — que muitos povos puderam finalmente ligar-se à sociedade das nações como comunidades políticas independentes. O número de Estados internacionalmente reconhecidos mais do que duplicou entre 1945 e o início da década de 1990 (União das Associações Internacionais, 1996). O ponto alto do sistema moderno de Estados-nação foi atingido no fim do século XX, escorado e respaldado pela disseminação de novas formas multilaterais de coordenação e cooperação internacionais, em organizações como a ONU e por novos mecanismos reguladores internacionais, como o regime dos direitos universais do homem.

O moderno Estado-nação não apenas se tornou o principal tipo de governo político em todo o globo, como também assumiu cada vez mais, desde a descolonização e o colapso do império soviético, uma forma política particular, ou seja, cristalizou-se como uma democracia liberal ou representativa (Potter et al., 1997). Várias ondas distintas de democratização incluíram no rebanho democrático determinados países da Europa, como Portugal e a Espanha, ao mesmo tempo que também fizeram inúmeros outros aproximarem-se da democracia na América Latina, na Ásia, na África e no Leste europeu. É claro que não existe uma via evolutiva necessária para a consolidação da democracia liberal; o caminho é frágil e repleto de obstáculos — a sustentação da democracia liberal em diversas comunidades políticas ainda é provisória e duvidosa.

Num levantamento do panorama político do fim do século XX, há boas razões, no dizer dos céticos, para pensarmos nesse período como a era do Estado-nação moderno. É que, em muitos lugares, os Estados reivindicaram cada vez mais o monopólio do uso legítimo da força e da regulamentação jurídica, criaram forças militares permanentes como símbolo do estadismo e como meio de garantir a segurança nacional, consolidaram mecanismos fiscais e redistributivos, estabeleceram infra-estruturas nacionais de comunicação, procuraram sistematizar uma língua nacional ou oficial, elevaram os níveis de alfabetização e criaram sistemas nacionais de ensino, promulgaram uma identidade nacional e construíram um conjunto diversificado de instituições políticas, econômicas e culturais nacionais. Além disso, muitos Estados, tanto no Ocidente quanto no Oriente, procuraram criar instituições aprimoradas de bem-estar social, em parte como um meio para promover e reforçar a solidariedade nacional, envolvendo a assistência pública à saúde e a previdência social (Ashford, 1986). Além disso, os países da OCDE adotaram estratégias macroeconômicas de gestão, passando da administração keynesiana da demanda, nas décadas de 1950 a 1970, para amplas medidas pelo lado da oferta, nas décadas de 1980 e 1990, a fim de contribuir para sustentar o crescimento econômico e o emprego generalizado. Em muitos casos, o sucesso nesses campos continuou fugaz, mas o conjunto de instrumentos e objetivos políticos dos Estados-nação ocidentais tem sido imitado recentemente em diversas regiões do mundo.

Decerto se pode argumentar que grande parte dessa "imitação" resultou mais da necessidade que de uma escolha. É patente que a descolonização não criou um mundo de nações igualmente livres. A influência do comércio e da organização comercial e política ocidentais sobreviveu à dominação direta. Poderosos interesses econômicos nacionais conseguiram, em muitos casos, sustentar posições hegemônicas em antigos territórios coloniais através da substituição da "presença visível da dominação" pelo "governo invisível" de empresas, bancos e organizações internacionais (como o FMI e o Banco Mundial, por exemplo) (Ferro, 1997, p.349-50). Ademais, entremearam-se com isso os interesses sedimentados e as manobras das grandes potências, que lutam entre si por privilégios, se não por um status hegemônico (Bull, 1977; Buzan et al., 1993). Os papéis geopolíticos das nações podem ter mudado (como no caso das mudanças na posição relativa do Reino Unido e da França durante o século XX, passando de impérios globais a potências de nível médio), mas essas mudanças ajustaram-se às estruturas vigentes da ordem mundial — o sistema moderno de Estados-nação e as relações econômicas capitalistas — que têm regido as opções estratégicas ao alcance das comunidades políticas. A natureza restrita dessas escolhas tornou-se ainda mais clara com o colapso do comunismo soviético e da divisão bipolar do mundo que se criara durante a Guerra Fria. Por conseguinte, os programas de desenvolvimento de nações da África subsaariana, do Leste asiático e da América Latina parecem ter adquirido um molde uniforme — liberalização do mercado, cortes nos gastos sociais, regulação mínima dos fluxos de capital privado, desregulamentação do mercado de trabalho — e ser regidos antes pela necessidade política do que por uma intervenção sancionada pelo povo.

Contudo, por mais limitado que seja o controle efetivo da maioria dos Estados sobre seus territórios, eles costumam proteger ferozmente sua soberania — seu direito de governar — e sua autonomia — sua possibilidade de escolher formas apropriadas de desenvolvimento político, econômico e social. Os "pactos" singulares que os governos estabelecem com seus cidadãos continuam a ser fundamentais para sua legitimidade. As escolhas, os benefícios e a política social dos Estados variam drasticamente, conforme sua posição na hierarquia das nações, mas, na era dos Estados-nação, a independência conferida pela soberania, em princípio, ainda tem enorme importância para todos os Estados. Os Estados-nação modernos são comunidades políticas que criam condições para o estabelecimento de comunidades de destino nacionais, e poucos parecem dispostos a abrir mão disso. Embora as escolhas políticas nacionais sejam restritas, elas ainda têm peso e continuam a ser o foco das deliberações e debates públicos. De acordo com os céticos, as tradições políticas nacionais continuam vibrantes, ainda é possível estabelecer pactos políticos distintivos entre os governos e os eleitorados, e, dada a vontade política, os Estados continuam a governar. A tarefa da política nacional é tão ou mais importante do que o era durante o período em que se formaram originalmente os Estados modernos.

Por uma política global

Grosso modo, os globalistas contestariam muitos aspectos da descrição precedente. Sua tese é a seguinte. A concepção tradicional do Estado, na qual ele é postulado como a unidade básica da ordem mundial, pressupõe sua relativa homogeneidade, isto é, que seja um fenômeno unitário com um conjunto de objetivos singulares (Young, 1972, p.36). Mas o crescimento das organizações e coletividades internacionais e transnacionais, desde a ONU e seus órgãos especializados até os grupos de pressão internacionais e os movimentos nacionais, alterou a forma e a dinâmica do Estado e da sociedade civil. O Estado transformou-se numa arena fragmentada de formulação de decisões políticas, permeada por redes transnacionais (governamentais e não governamentais) e por órgãos e forças internos. Do mesmo modo, a vasta penetração das forças transnacionais na sociedade civil alterou sua forma e sua dinâmica.

O vínculo exclusivo entre o território e o poder político rompeu-se. A era contemporânea tem assistido a um espraiamento das camadas de gestão governamental dentro e através das fronteiras políticas. Novas instituições internacionais e transnacionais têm vinculado Estados soberanos e transformado a soberania num exercício compartilhado do poder. Desenvolveu-se um conjunto de leis regionais e internacionais que sustenta um sistema emergente de governança global, tanto formal quanto informal.

Essa transformação pode ser ilustrada por diversos fenômenos, que incluem o rápido surgimento de organizações e regimes internacionais. Criaram-se novas formas de política multilateral e global, que envolvem governos, organizações intergovernamentais (OIGs) e uma vasta gama de grupos de pressão transnacionais e organizações não governamentais internacionais

(ONGIs). Em 1909 havia 37 OIGs e 176 ONGIs, enquanto, em meados de 1990, havia quase 260 OIGs e quase 5.500 ONGIs. Além disso, houve um aumento explosivo do número de tratados internacionais em vigor, bem como do número de regimes internacionais, como o regime de não-proliferação nuclear.

A esse padrão de ampla interligação política podemos acrescentar a densa rede de atividades nos e entre os principais foros internacionais de formulação política, que incluem as reuniões de cúpula da ONU, do G7, do FMI, da Organização Mundial do Comércio (OMC), da União Européia, da Cooperação Econômica Asiática no Pacífico (CEAP), do Fórum Regional da Associação de Nações do Sudeste Asiático (FRANSA) e do Mercosul, além de muitas outras reuniões oficiais e não oficiais. Em meados do século XIX, havia duas ou três conferências ou congressos internacionais por ano; hoje em dia, o número totaliza mais de quatro mil encontros anuais. Os governos nacionais ficam cada vez mais presos a um sistema de governo de múltiplas camadas — local, nacional, regional e global — e mal conseguem monitorá-lo, muito menos permanecer no comando.

No plano regional, a União Européia, num prazo admiravelmente curto, levou a Europa da desordem da fase posterior à II Guerra Mundial para uma organização política supranacional em que a soberania se congrega num número crescente de áreas de interesse comum. Apesar de sua natureza contestada, a UE representa um sistema inédito de gestão, que institucionaliza a colaboração intergovernamental para lidar com questões coletivas e transfronteiriças. Houve também uma aceleração da regionalização fora da Europa: nas Américas, nos países asiáticos do Pacífico e, em menor grau, na África. Embora a forma assumida por esse tipo de regionalismo seja muito diferente do modelo da União Européia, ela teve conseqüências importantes para o poder político, particularmente no Pacífico asiático (Associação de Nações do Sudeste Asiático [ANSA], CEAP, FRANSA, Conselho Econômico da Bacia do Pacífico [CEBP] e muitos outros grupos). Com o aprofundamento do regionalismo, também a diplomacia inter-regional se intensificou, à medida que os grupos regionais antigos e novos procuraram consolidar suas relações mútuas. Nesse aspecto, o regionalismo não constituiu uma barreira à globalização política contemporânea — que envolve o alcance mutável do poder político, da autoridade e das formas de governo —, mas, ao contrário, tem sido basicamente compatível com ela.

O impulso de cooperação internacional não vem dando sinais de esmorecimento, apesar das muitas queixas freqüentemente vociferadas contra ele. As preocupações da política regional e global já vão muito além da geopolítica tradicional. O tráfico de drogas, os fluxos de capital, a chuva ácida e as atividades de pedófilos, terroristas e imigrantes ilegais não conhecem fronteiras; tampouco podem conhecê-las as medidas políticas destinadas a seu controle efetivo e à resolução dos problemas que eles criam. A cooperação internacional e a coordenação de políticas nacionais tornaram-se requisitos indispensáveis para lidar com as conseqüências de um mundo que se globaliza.

Também ocorreram mudanças fundamentais na ordem militar mundial. Poucas nações, atualmente, consideram que o unilateralismo ou a neutralidade sejam estratégias de defesa confiáveis. As instituições globais e regionais de segurança tornaram-se mais importantes. A maioria dos Estados atuais tem optado por participar de uma multiplicidade de acordos e instituições multilaterais para aumentar sua segurança. Mas não foram apenas as instituições de defesa que se tornaram multinacionais. O modo de fabricação do equipamento militar também se modificou. A era dos "defensores nacionais" foi suplantada por um nítido aumento da concessão de licenças, dos acordos de co-produção, dos contratos de risco, das alianças empresariais e da terceirização. Isso significa que poucos países — nem mesmo os Estados Unidos — podem afirmar que têm uma capacidade de produção militar inteiramente autônoma. Isso também pode ser destacado com respeito às principais tecnologias civis, como a eletrônica, que são vitais para os sistemas avançados de armamentos e, em si mesmas, são produto de indústrias altamente globalizadas.

O paradoxo e a novidade da globalização da violência organizada de hoje residem em que a segurança nacional tornou-se um assunto multilateral. Pela primeira vez na história, aquilo que mais contribuiu para dar foco e objetivo aos modernos Estados-nação, e que sempre esteve bem no cerne da existência do Estado, só pode realizar-se eficazmente se as nações se reunirem e juntarem recursos, tecnologia, informações, poder e autoridade.

Com o aumento da interligação global, o âmbito das escolhas políticas estratégicas ao alcance de cada governo e a eficácia de muitos instrumentos tradicionais de política tendem a decrescer (ver Keohane e Nye, 1972, p.392-5; Cooper, 1986, p.1-22). Essa tendência ocorre, em primeiro lugar, pela irrelevância crescente de muitos controles de fronteira — formais ou informais —, que serviam tradicionalmente para restringir as transações de bens e serviços, fatores de produção e tecnologia, idéias e intercâmbio cultural (ver Morse, 1976, caps.2-3). O resultado é uma mudança nos custos e benefícios relativos de adotar opções políticas diferentes. Os Estados sofrem uma diminuição adicional do poder porque a expansão das forças transnacionais reduz o controle que cada governo pode exercer sobre as atividades de seus cidadãos e dos outros povos. Por exemplo, a maior mobilidade do capital, induzida pelo desenvolvimento de mercados financeiros globais, altera o equilíbrio do poder entre os mercados e os Estados e gera pressões poderosas para que as nações criem medidas receptivas ao mercado, que incluem: déficits e gastos públicos reduzidos, especialmente em bens sociais; níveis internacionalmente competitivos (isto é, baixos) de tributação direta; privatização e desregulamentação do mercado de trabalho. As decisões dos investidores privados de movimentar o capital privado através das fronteiras podem ameaçar os orçamentos da assistência social, os níveis de tributação e outras políticas de governo. Na verdade, a autonomia dos Estados fica comprometida, à medida que vão aumentando as dificuldades do governo em levar adiante seus projetos internos sem cooperar com outros órgãos políticos e econômicos.

Nesse contexto, muitos dos campos tradicionais da atividade e da responsabilidade estatais (defesa, administração econômica, saúde e segurança) já não podem ser atendidos sem a institucionalização de formas multilaterais de colaboração. Com o aumento das demandas feitas ao Estado nos anos do pós-guerra, o Estado viu-se diante de toda uma série de problemas políticos que não podem ser satisfatoriamente resolvidos sem a cooperação com outras nações e com agentes não estatais (Keohane, 1984; McGrew, 1992). Por conseguinte, os Estados já não podem ser concebidos, isoladamente, como as unidades políticas apropriadas para resolver grandes problemas políticos ou para gerir com eficiência uma vasta gama de funções públicas.

Esses argumentos sugerem que o Estado moderno está cada vez mais inserido em redes de interligações regionais e globais, permeadas por forças intergovernamentais e transnacionais quase supranacionais, e impossibilitado de decidir seu próprio destino. Tais fenômenos, como também se afirma, desafiam a soberania e a legitimidade dos Estados. A soberania é questionada porque a autoridade política dos Estados é substituída e comprometida por sistemas regionais e globais de poder, políticos, econômicos e culturais. A legitimidade do Estado é questionada porque, com a maior interdependência regional e global, os Estados não conseguem oferecer bens e serviços fundamentais a seus cidadãos sem a cooperação internacional, e até esta pode ser insuficiente diante dos problemas globais — desde o aquecimento da Terra até os movimentos voláteis dos mercados financeiros —, que podem escapar por completo à regulamentação política. Na medida em que a legitimidade política depende da competência e da capacidade de "cumprir o prometido" aos cidadãos, ela fica sob uma pressão crescente. A globalização, concluem os globalistas, vem desgastando a capacidade de os Estados-nação agirem com independência na articulação e na busca de objetivos políticos internos e internacionais: o poder e o papel do Estado-nação territorial estão em declínio. O poder político está sendo reconfigurado.

3. O destino da cultura nacional

Durante longos períodos da história humana, a maioria das pessoas passou sua vida numa rede de culturas locais. Conquanto a formação e a expansão das grandes religiões mundiais e dos impérios pré-modernos tenham transportado idéias e crenças através das fronteiras, com impactos sociais decisivos, o mais importante veículo disso, na ausência de intervenções militares e políticas diretas, foi o desenvolvimento das redes de cultura da classe dominante (Mann, 1986). Em alguns momentos, elas deixaram marcas profundas no mosaico fragmentado das culturas locais; porém, para a maioria das pessoas, durante quase todo o tempo, a vida e as rotinas do cotidiano mantiveram-se basicamente inalteradas. Antes do surgimento das nações e dos Estados-nação, quase toda a comunicação e interação culturais ocorriam entre as elites, ou em níveis muito localizados e restritos. Havia pouca interação entre a corte e a aldeia. Só no século XVIII é que uma nova forma de identidade cultural se forjou entre esses dois extremos.

A história da cultura nacional: o recurso dos céticos

A ascensão do Estado-nação moderno e dos movimentos nacionalistas alterou a paisagem da identidade política. Muitas vezes, as condições implicadas na criação do Estado moderno foram também as condições que geraram o sentimento de nacionalidade. Quando os formadores dos Estados procuraram centralizar e reordenar o poder político em territórios circunscritos, bem como assegurar e fortalecer suas bases de poder, eles passaram a depender de formas cooperativas de relação social com seus súditos (Giddens, 1985; Mann, 1986). A centralização do poder gerou uma situação em que os governantes dependiam dos governados para obter recursos humanos e financeiros. Criou-se uma reciprocidade maior entre governantes e governados e houve uma contestação acerca dos termos de "troca" entre eles. Em particular, os requisitos militares e administrativos do Estado moderno "politizaram" as relações sociais e as atividades do dia-a-dia. Aos poucos, as pessoas se conscientizaram de sua participação numa comunidade política comum, que tinha um destino comum. Embora, muitas vezes, a natureza dessa identidade emergente fosse inicialmente vaga, ela foi ganhando mais clareza e precisão ao longo do tempo (Therborn, 1977; Turner, 1986; Mann, 1987).

A consolidação das idéias e narrativas da nação e da nacionalidade foi ligada a muitos fatores, dentre eles: a tentativa de as elites dominantes e os governos criarem uma nova identidade que legitimasse o aumento do poder estatal e a coordenação da política (Breuilly, 1982); a criação, através de um sistema de educação em massa, de um arcabouço comum de compreensão — idéias, sentidos e práticas —, para promover o processo de modernização coordenado pelo Estado (Gellner, 1983); o surgimento de novos sistemas de comunicação — em especial, de novos meios (como a imprensa e o telégrafo), de editores independentes e de um mercado livre para o material impresso —, que facilitaram a comunicação entre as classes e a difusão de histórias, mitos e rituais nacionais, ou seja, de uma nova comunidade imaginária (B. Anderson, 1983); e, pautando-se no sentimento histórico da pátria e em lembranças profundamente arraigadas, a consolidação de comunidades étnicas através de uma cultura popular comum, de direitos e deveres legais compartilhados e de uma economia que criava mobilidade para seus integrantes dentro de um território delimitado (Smith, 1986, 1995).

Mesmo nos casos em que a criação de uma identidade nacional foi um projeto político explícito das elites, raras vezes ela foi uma invenção completa destas. Que as elites nacionalistas procuraram ativamente gerar um sentimento de nacionalidade e um compromisso com a nação — uma "comunhão de destino nacional" — é um fato bem documentado. Mas "não decorre daí", como observou com propriedade um observador, que tais elites tenham "inventado nações onde elas não existiam" (Smith, 1990, p.180-1). A "futura nação" não era uma grande entidade social ou cultural qualquer; antes, era uma "comunidade de história e cultura" que ocupava um determinado território e, muitas vezes, reivindicava uma tradição singular de direitos e deveres comuns para seus membros. Por conseguinte, muitas nações foram "construídas com base em 'núcleos étnicos' pré-modernos, cujos mitos e lembranças, valores e símbolos moldaram a cultura e as fronteiras da nação que as elites modernas conseguiram forjar" (Smith, 1990, p.180; e ver Smith, 1986). A identidade que os nacionalistas se esforçaram por sustentar decorreu, numa parcela significativa, da descoberta e exploração da "etno-história" de uma comunidade e do destaque dado a sua singularidade no mundo dos valores políticos e culturais rivais (cf. Hall, 1992).

É claro que a construção de nações, identidades nacionais e Estados-nação sempre foi duramente contestada, e as condições de desenvolvimento bem-sucedido de cada uma delas nunca se igualaram por completo às de outras (ver Held et al., 1999, p.48-9, 336-40). Os Estados, como já foi assinalado, são redes complexas de instituições, leis e práticas cujo alcance espacial é difícil de garantir e estabilizar em territórios fixos. As nações envolvem coletividades de classes diversas que compartilham um sentimento de identidade e de destino político coletivo. Sua base em traços comuns culturais, lingüísticos e históricos, reais e imaginários, é sumamente maleável e fluida, dando origem, muitas vezes, a expressões variadas e a relações ambíguas com os Estados. O nacionalismo é a força que liga os Estados às nações: ele descreve a complexa fidelidade cultural e psicológica dos indivíduos a determinadas identidades e comunidades nacionais, assim como o projeto de criar um Estado em que uma dada nação seja dominante. As fronteiras fixas do Estado moderno abarcam, em geral, uma diversidade de grupos étnicos, culturais e lingüísticos de inclinações e lealdade variáveis. As relações entre esses grupos, bem como entre eles e os Estados, não têm uniformidade e, com freqüência, são fonte de graves conflitos. No final do século XIX e durante o século XX, o nacionalismo tornou-se uma força que sustentou e respaldou a formação do Estado em alguns lugares (por exemplo, na França) e que o questionou ou reformulou em outras regiões (por exemplo, em Estados multiétnicos como a Espanha ou o Reino Unido) (ver Held et al., 1999, p.337-8).

Entretanto, apesar da diversidade dos nacionalismos e de seus objetivos políticos, bem como do fato de que a maioria das culturas nacionais tem menos de duzentos anos, essas novas forças políticas criaram termos fundamentalmente inéditos de referência política no mundo moderno — termos de referência que hoje parecem tão bem enraizados que muitos povos, se não a esmagadora maioria deles, tomam-nos como dados e como praticamente naturais (cf. Barry, 1998). Enquanto as épocas anteriores viram instituições culturais que se estendiam por muitas sociedades (como as religiões mundiais) ou tinham uma forma sumamente localizada, a ascensão das nações, do nacionalismo e dos Estados-nação levou à organização da vida cultural em moldes nacionais e territoriais. Na Europa, isso contribuiu para a consolidação de alguns Estados mais antigos, para a criação de uma pletora de novos Estados-nação e, eventualmente, para a fragmentação de impérios multinacionais. O poder da idéia de "nação" não passou despercebido ao resto do mundo, e as idéias de cultura nacional e nacionalismo alastraram-se — em parte como resultado da expansão dos próprios impérios europeus — pelas Américas, Ásia, África e Oriente Médio. Isso ajudou a alimentar os movimentos de independência, voltando a cimentar um vínculo particular entre a cultura, a geografia e a liberdade política.

A luta pela identidade nacional e pela condição de nação foi tão vasta que os céticos duvidam que esta última possa ser desgastada por forças transnacionais e, em particular, pelo desenvolvimento da chamada cultura global de massa. De fato, os defensores da primazia da identidade nacional enfatizam suas qualidades duradouras e o apelo profundo das culturas nacionais, comparado às qualidades efêmeras e artificiais dos produtos das empresas da mídia transnacional (ver Smith, 1990, e Brown, 1995). Como as culturas nacionais têm exibido uma preocupação central com a consolidação das relações entre a identidade política, a autodeterminação e os poderes do Estado, elas são e continuarão a ser, segundo sugerem os céticos, fontes admiravelmente importantes de orientação ética e política (ver o capítulo 6, adiante). Além disso, as novas redes eletrônicas de comunicação e a tecnologia da informação, que hoje abarcam o mundo, contribuem para intensificar e reavivar as formas e fontes tradicionais da vida nacional, reforçando sua influência e seu impacto. Essas redes, como se assinalou com propriedade, "possibilitam uma interação mais densa e mais intensa entre integrantes de comunidades que compartem características culturais comuns, em especial a língua"; e isso dá um impulso renovado ao ressurgimento das "comunidades étnicas e de seu nacionalismo" (Smith, 1990, p.175).

Além disso, segundo afirmam os céticos, embora os novos sistemas de comunicação possam dar acesso a similares distantes, eles também geram uma consciência da diferença, ou seja, da incrível diversidade dos estilos de vida e das orientações de valor (ver Gilroy, 1987; Robins, 1991; Massey e Jess, 1995). Conquanto essa consciência possa favorecer a compreensão cultural, muitas vezes ela leva a uma acentuação do que é característico e idiossincrático, fragmentando ainda mais a vida cultural. A consciência do "outro" não garante, em absoluto, a concordância intersubjetiva, como mostrou com extrema clareza o caso de Salman Rushdie (ver Parekh, 1989). Além disso, embora as novas indústrias da comunicação possam gerar uma linguagem própria e um determinado conjunto de valores e padrões de consumo, elas enfrentam uma multiplicidade de línguas e discursos através dos quais as pessoas dão sentido a sua vida e sua cultura (J.B. Thompson, 1990, p.313 e segs.). A vasta maioria dos produtos das empresas culturais do mercado de massa que atravessam as fronteiras aos borbotões origina-se nos Estados Unidos e nas sociedades ocidentais. Mas os dados disponíveis, de acordo com os céticos, sugerem que as culturas nacionais (e locais) continuam robustas; em muitos Estados as instituições nacionais continuam a ter um impacto central na vida pública; a televisão e o rádio nacionais continuam a desfrutar de audiências substanciais; a organização da imprensa e a cobertura do noticiário preservam sólidas raízes nacionais; e os produtos culturais estrangeiros são constantemente entendidos e reinterpretados de novas maneiras pelas platéias nacionais (Miller, 1992; Liebes e Katz, 1993; J.B. Thompson, 1995).

Por último, os defensores da cultura nacional assinalam que não existe um conjunto global comum de lembranças, nem um modo de pensar global comum, nem tampouco uma "história universal" na qual e através da qual as pessoas possam unir-se. Existe apenas um conjunto plural de sentidos e sistemas políticos através do qual qualquer nova consciência global tem de lutar para sobreviver (ver Bozeman, 1984). Dadas as raízes profundas das etno-histórias e as muitas maneiras pelas quais elas costumam ser reformuladas, isso não chega a causar surpresa. Apesar dos vastos fluxos de informação, imagens e pessoas por todo o mundo, há poucos sinais de que se esteja formando uma cultura universal ou global, bem como poucos sinais de declínio da projeção política do nacionalismo.

Globalização cultural

Os globalistas discordam da maior parte do que foi exposto acima, embora de modo algum descartem a importância da "questão nacional". Entre os pontos que eles costumam enfatizar está a natureza *construída* das culturas nacionalistas; se essas culturas foram criadas em data mais recente do que muitos se dispõem a reconhecer, e se foram elaboradas para um mundo em que se estavam forjando Estados-nação, elas não são imutáveis nem inevitáveis na era global. O nacionalismo pode ter sido funcional e, talvez, até essencial para a consolidação e o desenvolvimento do Estado moderno, mas hoje destoa de um mundo em que as forças econômicas e sociais e muitas forças políticas escapam à jurisdição do Estado-nação.

Considerando-se a freqüente lentidão com que se modifica a identidade de inúmeras pessoas e o desejo intenso que muitas delas sentem de (re)afirmar seu controle sobre as forças que moldam sua vida, é provável, admitem os globalistas, que as complexidades da política da identidade nacional persistam. Mas essa política não propiciará o controle político dos fenômenos regionais e globais nem a possibilidade de explicá-los, a menos que se estabeleça uma distinção entre o nacionalismo cultural — os recursos conceituais, discursivos e simbólicos que são fundamentais para a vida das pessoas — e o nacionalismo político — a afirmação da prioridade política exclusiva da identidade nacional e dos interesses nacionais. Este último não pode proporcionar muitos serviços públicos e valores desejados sem a colaboração regional e global. Somente uma visão política global pode vir a se adaptar aos desafios políticos de uma era mais globalizada, marcada por comunidades de destino que se superpõem e por uma política multiestratificada (local, nacional, regional e global). Haverá alguma razão para crer que tal perspectiva possa emergir? Não só existem muitas sementes dessa perspectiva no período atual, como também, segundo afirmariam os globalistas, há precedentes a serem encontrados na história do próprio Estado moderno.

Enquanto a ascensão dos Estados-nação e dos projetos nacionalistas intensificou a formação e a interação culturais dentro de terrenos políticos circunscritos, a expansão ultramarina das potências européias ajudou a enraizar novas formas de globalização cultural, com inovações nos transportes e nas comunicações, em especial o transporte mecânico regular e o telégrafo. Esses avanços tecnológicos ajudaram o Ocidente a se expandir e permitiram que as filosofias laicas surgidas no fim do século XVIII e no século XIX — em especial a ciência, o liberalismo e o socialismo — se difundissem e transformassem o contexto cultural de quase todas as sociedades do planeta.

As culturas populares contemporâneas talvez ainda não tenham tido um impacto social que se equipare a isso, mas, segundo afirmam os globalistas, a simples escala, intensidade, velocidade e volume das comunicações culturais globais de hoje são insuperáveis. Por exemplo, o valor das exportações e importações culturais aumentou várias vezes nas últimas décadas; houve uma imensa expansão no comércio dos produtos da televisão, do cinema e do rádio; os sistemas nacionais de radiodifusão estão sujeitos a uma competição internacional acirrada e a parcelas decrescentes da audiência; e o número de ligações e usuários da Internet vem conhecendo um aumento exponencial à medida que os padrões de comunicação vão ignorando cada vez mais as fronteiras nacionais (Unesco, 1950, 1986, 1989; OCDE, 1997). A difusão acelerada das tecnologias do rádio, da televisão, da Internet, digitais e dos satélites possibilitou a comunicação instantânea. Muitos dispositivos nacionais de controle da informação tornaram-se ineficazes. As pessoas de toda parte estão expostas como nunca aos valores de outras culturas. Nada, nem mesmo o fato de todos falarmos línguas diferentes, pode deter o fluxo das idéias e culturas. A língua inglesa vem se tornando tão dominante que fornece uma infra-estrutura lingüística de poder igual ao de qualquer sistema tecnológico para transmitir idéias e culturas.

À parte sua escala, o que impressiona na globalização cultural de hoje é o fato de ser impulsionada por empresas, e não por países. As empresas, dizem os globalistas, substituíram os Estados e teocracias como produtores e distribuidores centrais da globalização cultural. As instituições privadas internacionais não são novas, mas seu impacto de massa o é. As agências de notícias e as editoras de épocas anteriores tinham um impacto muito mais limitado nas culturas locais e nacionais do que os bens de consumo e os produtos culturais das empresas globais de hoje.

Para os globalistas, a existência de novos sistemas globais de comunicação está transformando as relações entre os locais físicos e as circunstâncias sociais, bem como alterando a "geografia situacional" da vida política e social (Meyrowitz, 1985). Sendo assim, rompe-se o elo tradicional entre o "ambiente físico" e a "situação social". As fronteiras geográficas são superadas à medida que os indivíduos e coletividades vivenciam acontecimentos e fenômenos muito distantes. Além disso, elaboram-se novos entendimentos, traços comuns e estruturas de sentido sem um contato direto entre as pessoas. Como tais, eles podem servir para desvincular ou desinserir as identidades de determinados momentos, lugares e tradições, exercendo um "impacto pluralizante" na formação da identidade e produzindo uma variedade de identidades unidas por hifens, que são "menos fixas ou unificadas" (Hall, 1992, p.303, 309). Embora cada uma tenha uma vida local, as maneiras como as pessoas entendem o mundo vêm sendo cada vez mais interpenetradas por acontecimentos e processos provenientes de contextos variados. As culturas híbridas e as empresas de comunicação transnacionais penetraram significativamente nas culturas nacionais e nas identidades nacionais. Como resultado, a situação cultural do Estado moderno se transforma (cf. McLuhan, 1964; Rheingold, 1995).

Os Estados que procuram adotar políticas rígidas, de portas fechadas, no que concerne à informação e à cultura, por certo ficam ameaçados diante desses novos processos e tecnologias da comunicação, e é provável que a condução da vida socioeconômica em toda parte também seja transformada por eles. Os fluxos culturais estão transformando a política da identidade nacional e a política da identidade em termos mais gerais. Esses fenômenos têm sido interpretados por alguns teóricos globalistas como algo que cria um novo sentido de participação e vulnerabilidade globais, que transcende os compromissos de fidelidade ao Estado-nação, isto é, a "meu país, esteja ele certo ou errado" (ver, por exemplo, Falk, 1995b). A justificativa desta última afirmação pode ser encontrada, segundo se alegou, em diversos processos e forças, inclusive no desenvolvimento de movimentos sociais transnacionais com claros objetivos regionais ou globais, como a proteção dos recursos naturais e do meio ambiente e a redução das doenças, da insalubridade e da pobreza (Ekins, 1992). Grupos como os Amigos da Terra e o Greenpeace derivaram parte de seu sucesso, precisamente, de sua capacidade de mostrar a interligação, nas diferentes nações e regiões, dos problemas que procuram abordar. Além disso, a constelação de agentes, órgãos e instituições — desde as organizações políticas locais até a ONU — que se orientam para as questões internacionais e transnacionais é citada como uma prova adicional de uma crescente consciência política global. Por fim, o compromisso com os direitos humanos, como algo indispensável à dignidade e à integridade de todos os povos — direitos enraizados nas leis internacionais e defendidos por grupos transnacionais como a Anistia Internacional —, é tido como uma confirmação adicional da "consciência global" emergente. Esses fatores, afirma-se ainda, representam as bases culturais de uma "sociedade civil global" incipiente (Falk, 1995b; Kaldor, 1998).

4. Uma economia global?

Avaliar afirmações rivais sobre o destino das culturas nacionais é uma tarefa que se complica, em parte, por envolver questões subjetivas de sentido, em relação às quais é difícil obter provas transculturais sistemáticas e fidedignas. Em contraste, o debate sobre a globalização econômica enfrenta um problema quase diametralmente oposto, ou seja, o da existência de uma multiplicidade de fontes de dados sobre diversas tendências globais, desde o comércio de mercadorias e as migrações até o investimento direto externo e o trabalho infantil. Por vezes, isso tende a conferir ao debate uma certa objetividade espúria, quando os recursos a provas "concretas" procuram estabelecer uma base para julgamentos conclusivos sobre afirmações rivais. Na prática, a discussão gira tanto em torno de apreciações conflitantes da validade das provas existentes e do valor dos diferentes tipos de dados quanto em torno de questões de interpretação teórica.

Embora o debate sobre a globalização econômica tenha produzido uma bibliografia volumosa, com contribuições que abrangem todas as principais tradições da análise econômica e social, os pontos cruciais de discordância concentram-se em quatro perguntas fundamentais. Dito em termos simples, elas indagam:

- até que ponto a atividade econômica vem sendo globalizada;

- se uma nova forma de capitalismo, movida pela "terceira revolução industrial", vem se impondo em todo o globo;
- até que ponto a globalização econômica continua sujeita a uma administração nacional e internacional apropriada e eficiente;
- se a competição global equivale ao fim das estratégias econômicas nacionais e do Estado do bem-estar social.

Essas quatro questões preocupam tanto os globalistas quanto os céticos. Inaugurou-se um diálogo crítico a respeito da forma atual da economia mundial, do regime dominante de acumulação capitalista, dos modos e da eficácia da gestão econômica contemporânea e da robustez da autonomia econômica e da soberania nacionais.

A persistência das economias nacionais

A postura cética reflete uma interpretação cautelosa das tendências econômicas globais contemporâneas. Em vez de uma economia verdadeiramente global, os céticos afirmam que, julgada em termos históricos, a atual economia mundial continua longe de estar estreitamente integrada. Em comparação com a *belle époque* de 1890-1914, a magnitude e a escala geográfica dos fluxos de comércio, do capital e dos migrantes são hoje de ordem muito inferior (Gordon, 1988; Weiss, 1998; Hirst e Thompson, 1999). Embora, na atualidade, os fluxos brutos de capital entre as principais economias do mundo sejam basicamente sem precedentes, os fluxos líquidos reais entre elas são consideravelmente menores do que no início do século XX (Zevin, 1992). Muitas dessas economias estão menos abertas ao comércio do que no passado, o que também acontece em muitos países em desenvolvimento (Hoogvelt, 1997; Hirst e

Thompson, 1999). Além disso, a escala da migração oitocentista em todo o globo supera a da era atual por uma diferença significativa (Hirst e Thompson, 1999). Em todos esses aspectos, a economia mundial contemporânea é expressivamente menos aberta e globalizada do que sua equivalente do século XIX. E é também, como argumentam os céticos, significativamente menos integrada.

Se a globalização econômica está associada à integração de economias nacionais distintas, de tal sorte que a organização efetiva da atividade econômica transcende as fronteiras nacionais, seria possível dizer que há uma economia global emergindo. Teoricamente, numa economia globalizada, as forças mundiais de mercado têm precedência sobre a situação econômica nacional, já que o valor real das principais variáveis econômicas (produção, preços, salários e taxas de juros) reage à competição global. Assim como as economias locais ficam submersas nos mercados nacionais, o verdadeiro teste da globalização econômica, segundo sugere a posição cética arraigada, é saber se as tendências mundiais confirmam um padrão de integração econômica global, isto é, a existência de uma única economia global (Hirst e Thompson, 1999). Nesse aspecto, afirma-se, as provas ficam muito aquém das afirmações exageradas de muitos globalistas. Até entre os Estados da OCDE, que são sem dúvida as mais interligadas de todas as economias, as tendências contemporâneas sugerem apenas um grau limitado de integração econômica e financeira (Feldstein e Horioka, 1980; Neal, 1985; Zevin, 1992; Jones, 1995; Garrett, 1998). Seja no tocante às finanças, à tecnologia, ao trabalho ou à produção, os dados não confirmam a existência ou a emergência de uma economia global única (Hirst e Thompson, 1999). Até as empresas multinacionais, conclui-se, continuam predominantemente cativas dos mercados nacionais ou regionais, ao contrário de sua imagem popular de "capital móvel" (Tyson, 1991; Ruigrok e Tulder, 1995).

Em lugar de uma economia global, os céticos interpretam as tendências atuais como prova de uma internacionalização significativa, mas não historicamente sem precedentes, da atividade econômica, isto é, como uma intensificação dos vínculos entre economias nacionais distintas. A internacionalização mais complementa do que substitui a organização e a regulação predominantemente nacionais da atividade econômica e financeira conduzida por entidades públicas e privadas nacionais ou locais. Para os céticos, toda economia é principalmente nacional ou local. Mas até a tendência à internacionalização justifica um exame criterioso, porque deixa transparecer uma concentração dos fluxos de comércio, de capital e de tecnologia nos grandes Estados da OCDE, ficando excluída uma grande parte do resto do mundo. A estrutura da atividade econômica mundial é dominada (cada vez mais) pelas economias da OCDE e pelos laços crescentes entre elas (Jones, 1995). A imensa maioria da humanidade continua excluída do chamado mercado global, havendo uma defasagem crescente entre o norte e o sul.

Longe de uma economia global integrada, o que a análise cética destaca é a organização crescente da atividade econômica mundial em três blocos nucleares, cada qual com seu próprio centro e periferia; são eles: a Europa, a região asiática banhada pelo Pacífico e as Américas. Essa formação triádica da economia mundial está associada a uma tendência crescente para a interdependência econômica e financeira *dentro* de cada uma dessas três zonas, em detrimento da integração entre elas (Lloyd, 1992; Hirst e Thompson, 1999). Esse processo recebe o reforço adicional da crescente regionalização da atividade econômica, desde as estruturas formais da CEAP, do NAFTA, do Mercosul, da ANSA e da UE até a produção regional e as estratégias de mercado das empresas multinacionais e das firmas nacionais (G. Thompson, 1998a). Longe de ser de globalização econômica, a era atual, especialmente se comparada à *belle époque*, define-se pela fragmentação crescente da economia mundial numa multiplicidade de zonas econômicas regionais dominadas por poderosas forças mercantilistas de competição econômica nacional e de rivalidade econômica (Hart, 1992; Sandholtz et al., 1992).

Se a tese dos céticos descarta a idéia de uma economia global, ela critica igualmente a proposição de que a era atual se define pela existência de um capitalismo global nascente. Embora não neguem que o capitalismo, depois do colapso do socialismo de Estado, é "o único jogo econômico na praça", ou que o capital em si tornou-se significativamente mais móvel no plano internacional, dizem eles que esses fenômenos não devem ser interpretados como prova de um novo ("turbo"-)capitalismo globalizado que transcenda e englobe as formas nacionais do capitalismo (Callinicos et al., 1994; Ruigrok e Tulder, 1995; Boyer e Drache, 1996; Hirst e Thompson, 1999). Ao contrário, formações sociais capitalistas distintas continuam a florescer com base nos modelos da economia mista social-democrata européia, do projeto neoliberal norte-americano e do Estado desenvolvimentista do Sudeste asiático (Wade, 1990). A despeito das aspirações de seus protagonistas mais poderosos, a onda neoliberal da década de 1990 não obrigou a uma convergência autêntica ou substantiva entre eles, nem pode afirmar uma vitória expressiva sobre seus concorrentes (Scharpf, 1991; Hart, 1992). O "fim da história", nesse aspecto, revelou-se de curta duração. A idéia do capitalismo global, personificado por impérios comerciais ou figuras como George Soros e Bill Gates, pode ter sido de grande apelo popular, mas, em última instância, é um conceito insatisfatório e enganoso, já que desconhece a diversidade das formas capitalistas existentes e o enraizamento de todo capital em estruturas capitalistas nacionais distintas.

Embora as imagens das salas de negociações de Nova York e Londres, que aparecem quase diariamente nos noticiários da mídia, reforcem a idéia de que o capital é essencialmente "móvel", a realidade, sugerem os céticos, é que toda a atividade econômica e financeira, desde a produção, a pesquisa e o desenvolvimento até o comércio e o consumo, tem que ocorrer em algum lugar. Falar em "fim da geografia" é um sério exagero quando lugar e espaço continuam a ser determinantes tão vitais da distribuição global da riqueza e do poder econômico. Admitindo-se que, num mundo de comunicações quase em tempo real, o capital empresarial e até pequenas empresas podem ter a opção de uma mobilidade maior, o destino das firmas, grandes ou pequenas, ainda é primordialmente determinado pelas vantagens competitivas e pelas condições econômicas locais e nacionais (Porter, 1990; Ruigrok e Tulder, 1995; G. Thompson, 1998b). Até entre as multinacionais mais importantes, as vantagens competitivas enraízam-se sobretudo em seus respectivos sistemas nacionais de inovação, enquanto a produção e as vendas tendem a ter forte concentração regional (Ruigrok e Tulder, 1995; Thompson e Allen, 1997). Na verdade, as multinacionais são pouco mais do que "empresas nacionais com operações internacionais", uma vez que sua base doméstica é um ingrediente absolutamente vital de seu sucesso e identidade contínuos (Hu, 1992) — coisa que a British Airways aprendeu da maneira mais penosa, quando seus passageiros contumazes (predominantemente de origem não-britânica) obrigaram a companhia aérea a reconsiderar sua política de substituir a bandeira do Reino Unido por imagens globais na cauda de suas aeronaves. Ademais, um exame sumário da lista das quinhentas maiores empresas mundiais na revista *Fortune* confirmaria isso, uma vez que poucas delas têm suas matrizes fora dos Estados Unidos, do Reino Unido, da Alemanha ou do Japão. Aliás, uma inspeção mais rigorosa da lista revelaria o "mito" do capitalismo global como um disfarce conveniente para a internacionalização das empresas norte-americanas, acima de todas as demais (Callinicos et al., 1994; Burbach et al., 1997). Portanto, os governos, ou, pelo menos, os mais poderosos dentre eles, conservam um considerável poder de barganha com as empresas multinacionais, uma vez que controlam o acesso a recursos econômicos nacionais que são vitais.

Ao descartar a idéia do "capital móvel", a argumentação cética mina a proposição de que um novo padrão de interdependência esteja surgindo entre o norte e o sul. Existe, como admitem os céticos, uma crença popular em que a desindustrialização das economias da OCDE é conseqüência, essencialmente, da exportação de empresas industriais e empregos para as economias emergentes e para as menos desenvolvidas, em que os níveis salariais são mais baixos e as exigências de regulamentação muito menos rigorosas. Há quem considere que essa interdependência entre o norte e o sul define uma nova divisão internacional do trabalho, na qual as economias em desenvolvimento estão saindo dos produtos primários para a indústria, enquanto as economias da OCDE passam da indústria para os serviços. Mas os dados reais, sugerem os céticos, não corroboram essa mudança drástica, embora o argumento faça uma generalização excessiva a partir da experiência do Leste asiático (Callinicos et al., 1994; Hirst e Thompson, 1996). O grosso das economias mais pobres do mundo continua a depender da exportação de produtos primários, enquanto as economias da OCDE continuam a dominar o comércio de produtos manufaturados (Hirst e Thompson, 1999). A desindustrialização não pode ser atribuída aos efeitos do comércio exterior, especialmente às exportações baratas do mundo subdesenvolvido, mas é conseqüência, antes, das mudanças tecnológicas e das modificações na situação do mercado de trabalho em todas as economias da OCDE (Rowthorn e Wells, 1987; Krugman, 1994, 1995). Ao exagerar as mudanças na divisão internacional do trabalho, há um sério risco de se desconsiderar as continuidades mais profundas da economia mundial. Apesar da internacionalização e da regionalização, o papel e a posição da maioria dos países em desenvolvimento na economia mundial mudaram singularmente pouco, em todo o decorrer dos últimos cem anos (Gordon, 1988). A atual divisão internacional do trabalho é tal que Marx a reconheceria instantaneamente.

Se a divisão internacional do trabalho só teve mudanças marginais, o mesmo aconteceu com a gestão da economia mundial. Embora a era posterior a 1945 tenha assistido a inovações institucionais significativas na gestão econômica internacional, especialmente com a criação de um sistema multilateral de supervisão e regulamentação econômica — o regime de Bretton Woods —, os atos dos Estados Unidos, como maior agente econômico do mundo, continuam a ser cruciais para o bom funcionamento da economia global. Na verdade, a gestão da economia mundial ainda continua dependente, especialmente em épocas de crise, da disposição de o(s) Estado(s) mais poderoso(s) policiar(em) o sistema — como demonstrou dramaticamente o craque de 1997 no Leste asiático. Entretanto, mesmo em épocas mais estáveis, são as preferências e interesses dos Estados economicamente mais poderosos — na prática, os governos do G7 — que têm precedência. O multilateralismo econômico não reescreveu os princípios fundamentais da gestão econômica internacional, afirmam os céticos, porque ela continua a ser um campo em que o poder triunfa sobre o direito:

em que o choque entre interesses nacionais rivais é resolvido, em última instância, através do exercício do poder nacional e da negociação entre governos (Gilpin, 1987; Sandholtz et al., 1992; Kapstein, 1994). Nesse aspecto, as instituições multilaterais devem ser concebidas como instrumentos dos Estados — e dos mais poderosos dentre eles, a rigor.

Naturalmente, não faz parte da argumentação dos céticos dizer que a administração da economia mundial não sofreu nenhuma mudança em resposta à crescente internacionalização e, em particular, à regionalização (Hirst e Thompson, 1999). Ao contrário, existe um claro reconhecimento de que a questão mais premente com que se confrontam os guardiães da economia mundial, depois do craque dos países do Leste asiático, é como reformar e fortalecer o sistema de Bretton Woods (Kapstein, 1994; Hirst e Thompson, 1999). Além disso, há um reconhecimento das tensões crescentes entre as atividades de formulação de regras dos órgãos multilaterais, como a OMC, e dos órgãos regionais, como a UE. Novos problemas, desde o meio ambiente até a produção de alimentos, entraram também na agenda da governabilidade. Muitos deles são sumamente politizados, uma vez que penetram a fundo na jurisdição soberana dos Estados — o próprio cerne da condição do Estado moderno.

Mas os governos nacionais, dizem os céticos, continuam centrais para a gestão da economia mundial, já que só eles têm a autoridade política formal para regulamentar a atividade econômica. Uma vez que a maioria dos Estados de hoje depende, em graus variáveis, dos fluxos internacionais de comércio e finanças para garantir o crescimento econômico nacional, os limites e as restrições da autonomia econômica e da soberania nacionais tornaram-se mais visíveis, sobretudo nos Estados democráticos. Historicamente, porém, essas restrições não são maiores do que em épocas anteriores, nas quais, como já foi assinalado, a interdependência internacional era muito mais intensa. Paradoxalmente, a *belle époque* foi justamente a era durante a qual se forjaram os Estados-nação e as economias nacionais (Gilpin, 1981; Krasner, 1993). Portanto, a situação contemporânea não representa uma ameaça real para a soberania ou a autonomia nacionais. Longe de a interdependência econômica reduzir necessariamente a autonomia econômica ou a soberania nacionais, pode-se afirmar que ela aumentou a capacidade nacional de muitos Estados. A abertura para os mercados globais, afirmam muitos economistas, fornece maiores oportunidades de crescimento econômico nacional sustentado. Como destacou a experiência dos "tigres" do Leste asiático, os mercados globais são inteiramente compatíveis com Estados fortes (Weiss, 1998). Contudo, mesmo nos contextos em que a soberania do Estado parece ser significativamente comprometida pela internacionalização, como no caso da União Européia, os governos nacionais, de acordo com a interpretação cética, partilham efetivamente a soberania, com objetivo de ampliar, através da ação coletiva, seu controle sobre as forças externas. Em vez de conceber os governos nacionais como simplesmente reagindo a forças econômicas externas, a visão dos céticos reconhece seu papel crucial (especialmente o dos mais poderosos) na criação das condições nacionais e internacionais necessárias à própria existência de mercados globais. Vistos por esse prisma, os Estados tanto são arquitetos quanto súditos da economia mundial.

Como súditos, porém, os Estados não reagem de maneira idêntica à dinâmica dos mercados mundiais ou aos choques econômicos externos. Embora os mercados financeiros internacionais e a competição internacional possam impor tipos semelhantes de disciplina econômica a todos os governos, isso não prefigura necessariamente uma convergência das estratégias ou políticas econômicas nacionais. Essas pressões são mediadas por estruturas internas e arranjos institucionais que produzem enormes variações na capacidade de reação dos governos nacionais (Garrett e Lange, 1996; Weiss, 1998). Os Estados podem fazer e fazem diferença, como indica a permanente diversidade das formas capitalistas. Isso se aplica particularmente à política macroeconômica e industrial, na qual continuam a existir diferenças nacionais significativas até nas mesmas regiões do mundo (Dore, 1995; Boyer e Drache, 1996; Garrett, 1998). Tampouco há muitas provas convincentes a sugerir que a disciplina financeira internacional, por si só, impeça os governos de adotarem estratégias econômicas progressistas e redistributivas ou, por outro lado, prefigure o fim do Estado do bem-estar social ou das políticas vigorosas de proteção social (Garrett, 1996, 1998; Rieger e Liebfried, 1998; Hirst e Thompson, 1999). O fato de os níveis de gastos nacionais com o bem-estar e a proteção social continuarem a diferir significativamente, mesmo dentro da União Européia, aponta para o absurdo dessas afirmações. Na opinião dos céticos, os governos nacionais, em sua maioria, continuam a ser a única fonte de autoridade efetiva e legítima na gestão da economia mundial, ao mesmo tempo que são também os principais agentes da coordenação e regulamentação econômicas internacionais.

A nova economia global

Para os globalistas, é difícil fiar-se nessa conclusão, pois ela desconsidera por completo os modos como os governos nacionais estão tendo que se adaptar constantemente aos avanços e recuos das condições e forças do mercado global. Contestando as provas dos céticos e sua interpretação das tendências econômicas globais, a análise globalista aponta para a escala e a magnitude da interação econômica global contemporânea, que é historicamente sem precedentes (O'Brien, 1992; Altvater e Mahnkopf, 1997; Greider, 1997; Rodrik, 1997; Dicken, 1998). O movimento diário dos mercados de câmbio mundiais, por exemplo, ultrapassa atualmente umas sessenta vezes o nível anual das exportações mundiais, enquanto a escala e a intensidade do comércio mundial superam em muito as da *belle époque*. A produção global das empresas multinacionais é consideravelmente maior do que o nível das exportações mundiais e abrange todas as grandes regiões econômicas do planeta. A migração, embora talvez seja de magnitude ligeiramente menor do que no século XIX, tem se tornado cada vez mais globalizada. As economias nacionais, com algumas exceções, estão hoje muito mais profundamente inseridas nos sistemas globais de produção e comércio do que em períodos históricos anteriores, enquanto alguns Estados, depois do colapso do socialismo de Estado, continuam excluídos dos mercados financeiros e econômicos globais. Os padrões da globalização econômica contemporânea teceram redes fortes e duradouras em todas as grandes regiões do mundo, de modo que seus destinos econômicos estão intimamente ligados.

Embora a economia global, como entidade isolada, possa não estar tão integrada quanto as economias nacionais mais robustas, as tendências, segundo os globalistas, apontam inequivocamente para uma intensificação da integração nas e entre as regiões. O funcionamento dos mercados financeiros globais, por exemplo, produziu uma convergência das taxas de juros entre as economias principais (Fukao, 1993; Gagnon e Unferth, 1995). A integração financeira também traz consigo um efeito de contágio, no sentido de que uma crise econômica numa região, como demonstrou o craque de 1997-98 no Leste asiático, adquire rapidamente ramificações globais (Godement, 1999). Paralelamente à integração financeira, as operações das empresas multinacionais integram as economias nacionais e locais em redes de produção globais e regionais (Castells, 1996; Gereffi e Korzeniewicz, 1994; Dicken, 1998). Nessas condições, as economias nacionais já não funcionam como sistemas autônomos de criação de riqueza, uma vez que as fronteiras nacionais são cada vez menos importantes na condução e organização da atividade econômica. Nessa "economia sem fronteiras", como a concebem os globalistas mais radicais, a distinção entre atividade econômica interna e atividade econômica global, como pode ser confirmado pela gama de produtos de qualquer hipermercado, torna-se cada vez mais difícil de sustentar (Ohmae, 1990).

Por conseguinte, a fase contemporânea da globalização econômica, sugerem os globalistas, distingue-se das fases anteriores pela existência de uma única economia global que transcende e integra as principais regiões econômicas do mundo (Geyer e Bright, 1995; Dickson, 1997; Scholte, 1997; Dicken, 1998; Frank, 1998). Em comparação com a *belle époque*, período que se distinguiu por níveis relativamente altos de protecionismo comercial e zonas econômicas imperialistas, a atual economia global é consideravelmente mais aberta e seu funcionamento surte impacto em todos os países, inclusive em Estados ditos "párias", como Cuba ou Coréia do Norte (Nierop, 1994). O aumento do regionalismo tampouco produziu uma clara divisão do mundo em blocos rivais, pois a regionalização da atividade econômica não se deu em detrimento da globalização econômica (Lloyd, 1992; Anderson e Blackhurst, 1993; Anderson e Norheim, 1993). Ao contrário, o regionalismo tem facilitado e incentivado muito a globalização econômica, uma vez que proporciona um mecanismo pelo qual as economias nacionais podem engajar-se mais estrategicamente nos mercados globais (Gamble e Payne, 1991; Hanson, 1998). Além disso, há poucos indícios a sugerir, como fazem muitos céticos, que esteja ocorrendo um processo de "triadização", na medida em que a própria interdependência econômica entre os três grandes centros da economia global — os Estados Unidos, o Japão e a Europa — parece estar-se intensificando (Ohmae, 1990; Dunning, 1993; Greider, 1997; Perraton et al., 1997; Dicken, 1998; Haass e Liton, 1998). Embora a economia global contemporânea se estruture em torno de três grandes centros de poder econômico — ao contrário da *belle époque* ou das primeiras décadas de dominação norte-americana do pós-guerra —, a melhor maneira de descrevê-la é como uma ordem pós-hegemônica, uma vez que nenhum centro isolado pode ditar as regras do intercâmbio e do comércio globais (Gill, 1992; Geyer e Bright, 1995; Amin, 1996). Naturalmente, ela continua a ser uma ordem sumamente estratificada, já que, sem dúvida, a maior parcela dos fluxos econômicos globais — como o comércio e as finanças — concentra-se nas maiores economias da OCDE. Mas o predomínio das economias da OCDE vem sendo diluído, à medida que a globalização econômica vai alterando significativamente a geografia da atividade e do poder econômicos mundiais.

Nas últimas décadas, as parcelas das exportações mundiais e dos fluxos (de entrada e saída) de investimentos estrangeiros das economias em desenvolvimento tiveram um aumento considerável (Castells, 1996; Dicken, 1998; Conferência das Nações Unidas para o Comércio e o Desenvolvimento [UNCTAD], 1998a, 1998c). Os países recém-industrializados (NICs) do Leste asiático e da América Latina tornaram-se um alvo cada vez mais importante de investimentos da OCDE, bem como uma fonte mais e mais significativa de importações da OCDE — São Paulo, como às vezes se diz em tom de brincadeira, é a maior cidade industrial da Alemanha (Dicken, 1998). No final dos anos 90, quase 50% do total dos empregos da indústria mundial localizavam-se nas economias em desenvolvimento, enquanto mais de 60% das exportações dos países em desenvolvimento para o mundo industrializado eram de produtos manufaturados, o que representa um aumento de doze vezes, em menos de quatro décadas (Programa de Desenvolvimento das Nações Unidas [UNDP], 1998). Ao contrário da interpretação cética, a globalização econômica contemporânea não é, nem única nem primordialmente, um fenômeno da OCDE, mas abrange todos os continentes e regiões (UNCTAD, 1998c).

Por definição, a economia global é uma economia global capitalista, de vez que se organiza com base nos princípios do mercado e da produção com vistas ao lucro. Historicamente, à parte a divisão do mundo nos campos capitalista e socialista de Estado, durante o período da Guerra Fria, muitos diriam que foi isso que aconteceu desde o início dos tempos modernos, se não desde muito antes (Wallerstein, 1974; Braudel, 1984; Fernández-Armesto, 1995; Geyer e Bright, 1995; Frank e Gills, 1996; Frank, 1998). Entretanto, o que distingue a atual economia capitalista global da de épocas anteriores, afirmam os globalistas, é sua forma histórica particular. Nas últimas décadas, as economias nucleares do sistema global passaram por uma profunda reestruturação econômica. Nesse processo, transformaram-se de economias essencialmente industriais em economias pós-industriais (Piore e Sabel, 1984; Castells, 1996). Assim como o século XX assistiu à difusão global do capitalismo industrial, o capitalismo pós-industrial vem tomando o lugar deste no final do século.

Com essa reestruturação veio uma alteração dramática da forma e da organização do capitalismo global. Ao se referirem alternadamente ao "capitalismo informatizado global", ao "capitalismo maníaco", ao "turbo-capitalismo" ou ao "capitalismo supraterritorial", os comentadores procuram captar a mudança qualitativa que vem ocorrendo na organização e na dinâmica espaciais dessa nova formação capitalista global (Castells, 1996; Greider, 1997; Scholte, 1997; Luttwak, 1999). Na era da Internet, para simplificar a argumentação, o capital — produtivo e financeiro — libertou-se das restrições nacionais e territoriais, enquanto os mercados se globalizaram a ponto de a economia interna ser constantemente forçada a se adaptar às condições competitivas globais. Num mundo informatizado, os engenheiros de programação de Hyderabad podem fazer o trabalho dos engenheiros de programação de Londres por uma fração do custo. Na dinâmica desse novo capitalismo global está inscrito um imperativo poderoso de desnacionalização das atividades econômicas estratégicas.

A empresa multinacional é central na organização dessa nova ordem capitalista global. Em 1998, havia 60.000 multinacionais no mundo inteiro, com 500.000 subsidiárias estrangeiras, vendendo bem mais de 9,5 trilhões de dólares em mercadorias e serviços em todo o planeta (UNCTAD, 1998b, 2000). Hoje em dia, a produção transnacional ultrapassa consideravelmente o nível das exportações globais e se tornou o principal meio para a venda de produtos e serviços no exterior. As empresas multinacionais respondem atualmente, de acordo com algumas estimativas, por pelo menos 20% da produção mundial e 70% do comércio mundial (Perraton et al., 1997). Elas abrangem todos os setores da economia global, desde as matérias-primas até as finanças, a indústria, a integração e a reordenação da atividade econômica, dentro e através das principais regiões econômicas do mundo (Gill, 1995; Castells, 1996; Amin, 1997). No setor financeiro, os bancos multinacionais são, de longe, os atores principais nos mercados financeiros, desempenhando papel crucial na administração e organização da moeda e do crédito na economia global (Walters, 1993: Germain, 1997). Segundo os globalistas, é o capital empresarial global, e não os Estados, que exerce uma influência decisiva na organização, localização e distribuição do poder e dos recursos econômicos na economia global contemporânea.

Os padrões contemporâneos de globalização econômica, dizem ainda os globalistas, foram acompanhados por uma nova divisão global do trabalho, parcialmente acarretada pelas atividades das próprias multinacionais (Johnston et al., 1995; Hoogvelt, 1997). A reestruturação (desindustrialização) das economias da OCDE pode ser diretamente relacionada com a terceirização da produção industrial, por parte das empresas multinacionais, para as economias recém-industrializadas e de transição da Ásia, América Latina e Europa oriental (Reich, 1991; Wood, 1994; Rodrik, 1997). Os NICs respondem agora por uma proporção expressiva das exportações globais e, através da integração em redes de produção transnacionais, tornaram-se extensões e concorrentes de empresas das economias metropolitanas. Vista por esse aspecto, a globalização vem reordenando os países em desenvolvimento em claros vencedores e perdedores. Essa reestruturação, além disso, reproduz-se dentro dos países, tanto do norte quanto do sul, já que comunidades e locais particulares, estreitamente integrados nas redes de produção globais, auferem lucros significativos, enquanto o restante sobrevive à margem. Portanto, a globalização econômica contemporânea traz em si um mundo cada vez mais unificado para as elites — nacionais, regionais e globais —, porém nações cada vez mais divididas, uma vez que a força de trabalho global, tanto nos países ricos quanto nos pobres, segmenta-se em vitoriosos e derrotados. A antiga divisão internacional do trabalho entre o norte e o sul vem dando lugar, sugerem os globalistas, a uma nova divisão global do trabalho, que implica uma reordenação das relações econômicas inter-regionais e um novo padrão de riqueza e desigualdade, que transcende as economias pós-industriais e as que estão em processo de industrialização (Reich, 1991; Amin, 1997; Hoogvelt, 1997; Rodrik, 1997; Castells, 1998; Dicken, 1998).

Uma das contradições centrais dessa nova ordem diz respeito à sua governabilidade. É que a globalização da atividade econômica ultrapassa o âmbito regulatório dos governos nacionais, enquanto, ao mesmo tempo, as instituições multilaterais existentes de governança econômica global têm uma autoridade limitada, porque os Estados, defendendo zelosamente sua soberania nacional, recusam-se a lhes conceder um poder substancial (Zürn, 1995). Nessas circunstâncias, afirmam alguns dos globalistas mais radicais, os mercados globais escapam efetivamente à regulamentação política, de modo que a globalização econômica corre o risco de criar um "mundo descontrolado" (Giddens, 1999). Os governos, portanto, não têm alternativa real senão adaptarem-se às forças da globalização econômica (Amin, 1996; Cox, 1997). Além disso, as instituições multilaterais de gestão econômica global que existem hoje, em especial o FMI, o Banco Mundial e a Organização Mundial do Comércio, são primariamente concebidas, na medida em que defendem e adotam programas que simplesmente ampliam e aprofundam o controle das forças do mercado global sobre a vida econômica nacional, como agentes do capital global e dos países do G7 (Gill, 1995; Korten, 1995; Cox, 1996). Em sua maioria, as estruturas de gestão da economia global funcionam principalmente para alimentar e reproduzir as forças da globalização econômica, ao mesmo tempo que atuam no sentido de disciplinar essa "civilização do mercado global" que está nascendo (Gill, 1995; Korten, 1995; Burbach et al., 1997; Hoogvelt, 1997; Scholte, 1997).

Apesar de aceitarem muitos dos preceitos dessa posição globalista radical, outros concebem as estruturas de gestão da economia global como tendo uma autonomia considerável em relação aos ditames do capital global e/ou dos países do G7 (Rosenau, 1990; Shaw, 1994; Shell, 1995; Cortell e Davies, 1996; Castells, 1997; Hasenclever et al., 1997; Milner, 1997; Herod et al., 1998). De acordo com esses autores, as instituições multilaterais tornaram-se locais cada vez mais importantes, através dos quais a globalização econômica é contestada pelos Estados mais fracos e pelos órgãos da sociedade civil transnacional (vide, por exemplo, a batalha de Seattle, em 1999), enquanto os países do G7 e o capital global, em muitas ocasiões, descobrem-se discordando de suas normas ou decisões. Além disso, a dinâmica política das instituições multilaterais tende a mediar o controle das grandes potências, por exemplo, através de formas consensuais de tomada de decisões, de sorte que elas nunca são meros instrumentos dos Estados e das forças sociais dominantes (Keohane, 1984, 1988; Ruggie, 1993a; Hasenclever et al., 1997; Roberts, 1998). Ao lado dessas instituições globais, existe também um conjunto paralelo de órgãos regionais, desde o Mercosul até a União Européia, que constituem uma outra dimensão do que é um sistema emergente de gestão econômica multiestratificada (Rosenau, 1990, 1997; Ruggie, 1993b). Nos interstícios desse sistema operam as forças sociais de uma sociedade civil transnacional emergente, desde a Câmara Internacional de Comércio até a campanha do Jubileu 2000, que procuram promover, contestar e chamar à responsabilidade os agentes da globalização econômica (Falk, 1987; Ekins, 1992;

Scholte, 1993: Burbach et al., 1997; Castells, 1997; Rosenau, 1997). Vista por esse prisma, a política da gestão econômica global é muito mais pluralista do que admitem os céticos, uma vez que as instituições globais e regionais exercem considerável autoridade independente. A globalização econômica tem sido acompanhada por uma internacionalização significativa da autoridade política, associada a uma globalização correspondente da atividade política.

Visto que os governos nacionais estão profundamente inseridos nesse sistema de gestão econômica multiestratificada, seu papel e seu poder continuam a ser decisivamente restringidos pela globalização econômica (Reich, 1991; Ohmae, 1995; Sassen, 1996; Rosenau, 1997). Alguns globalistas consideram os Estados-nação como "modos [cada vez mais] transicionais de organização e regulamentação econômica", visto que, numa era de mercados globais, acredita-se que eles já não podem administrar ou regular efetivamente suas próprias economias nacionais (Ohmae, 1995). Espremidos entre as limitações dos mercados financeiros globais e as opções de saída do capital produtivo móvel, os governos nacionais de todo o globo têm sido forçados a adotar estratégias econômicas (neoliberais) cada vez mais parecidas, que promovem a disciplina financeira, a limitação do governo e uma sólida administração econômica (Gill, 1995; Strange, 1996; Amin, 1997; Greider, 1997; Hoogvelt, 1997; Scholte, 1997; Yergin e Stanislaw, 1998; Luttwak, 1999). À medida que se intensifica a competição global, os governos tornam-se cada vez mais incapazes de manter os níveis existentes de proteção social, ou os programas estatais de bem-estar social, sem minar a posição competitiva das empresas nacionais e impedir investimentos estrangeiros muito necessários (Reich, 1991; Cox, 1997; Greider, 1997; Scholte, 1997; Gray, 1998). Contrair empréstimos para elevar os gastos públicos ou aumentar os impostos para esse fim são medidas igualmente restringidas pelos ditames dos mercados financeiros globais (Gourevitch, 1986; Frieden, 1991; Garrett e Lange, 1991; Cox, 1997; Germain, 1997). Alguns globalistas afirmam, além disso, que a globalização econômica prenuncia o fim do Estado de bem-estar social e da democracia social, enquanto outros apontam para uma convergência menos dramática, no mundo inteiro, para regimes mais limitados do Estado de bem-estar social (Gourevitch, 1986; Rodrik, 1997; Gray, 1998; Pieper e Taylor, 1998). Há um ponto, entretanto, em que eles concordam claramente: a autonomia econômica, a soberania e a solidariedade social dos Estados contemporâneos estão sendo drasticamente reduzidas pelos processos contemporâneos de globalização econômica (Zacher, 1992; Ohmae, 1995; Cable, 1996; Sassen, 1996; Strange, 1996; Altvater e Mahnkopf, 1997; Amin, 1997; Castells, 1997; Cox, 1997; Greider, 1997; Jessop, 1997; Rosenau, 1997; Scholte, 1997; Shaw, 1997).

5. Nações divididas, mundo desregrado

A globalização econômica contemporânea, de acordo com um relatório recente do Programa de Desenvolvimento das Nações Unidas (UNDP), está associada a uma defasagem acelerada entre os Estados ricos e pobres e entre os povos na economia global (UNDP, 1999). Ao determinar a localização e a distribuição da riqueza e da capacidade produtiva na economia mundial, a globalização define e reformula os padrões globais de hierarquia e desigualdade. Isso tem implicações profundas para a segurança humana e para a ordem mundial, na medida em que as desigualdades globais condicionam as oportunidades de vida dos indivíduos e das coletividades, para não falar em criar as precondições de um mundo mais instável e desregrado (Herod et al., 1998; Hurrell, 1999). Não surpreende que o problema da desigualdade global tenha se tornado uma das questões mais prementes e controvertidas da agenda global.

Embora haja muita preocupação pública e acadêmica com as desigualdades globais, a discussão não se cristaliza facilmente num diálogo claro entre os céticos e os globalistas. Em parte, isso se deve à grande complexidade das questões e, em parte, ao fato de a escala da tragédia humana envolvida ser tão esmagadora que transforma a própria idéia de um debate sobre essas questões numa espécie de afronta às sensibilidades morais.

Apesar de haver uma discordância considerável, tanto entre os céticos quanto entre os globalistas, quanto às conseqüências da desigualdade global e aos remédios apropriados para ela, o que tende a distinguir esses dois grupos são, acima de tudo, seus diagnósticos diferentes das causas subjacentes ao problema e, em particular, à relação deste com a globalização econômica.

Os globalistas, ao analisarem os padrões contemporâneos de desigualdade global, tendem a identificar a globalização econômica como o grande culpado. Em contraste, os céticos tendem a negar sua importância, enfatizando, ao contrário, a realidade permanente do imperialismo e/ou a dinâmica da geopolítica. Além disso, essas interpretações contrastantes costumam associar-se a posturas éticas muito diferentes quanto à questão da desigualdade global e seus remédios. Levam também a avaliações muito distintas das conseqüências da globalização econômica para a solidariedade nacional e internacional e, em última instância, para a governabilidade e a estabilidade da ordem mundial atual.

Rumo a um só mundo?

Entre os globalistas de orientação neoliberal, a globalização econômica contemporânea é vista como encarnando a criação de um único mercado global, que, mediante a operação do livre comércio, a mobilidade do capital e a competição global, é o arauto da modernização e do desenvolvimento (Ohmae, 1990, 1995; Perlmutter, 1991). Apontando para o milagre econômico do Leste asiático e para a experiência latino-americana de início a meados da década de 1990 (e, aliás, para a pronta recuperação de muitas dessas economias depois do tumulto econômico de 1997-98), os neoliberais enfatizam que a solução para as desigualdades globais deverá ser encontrada na adoção de uma política de abertura ao capital global e à competição global e na busca de uma integração mais estreita na economia mundial. Embora haja um reconhecimento de que a globalização econômica tanto gera perdedores quanto ganhadores, os neoliberais frisam a difusão crescente da riqueza e da prosperidade em toda a economia mundial — o efeito em cascata. A pobreza global, segundo os padrões históricos, caiu mais nos últimos cinqüenta anos do que nos quinhentos anteriores, e o bem-estar das populações de quase todas as regiões melhorou significativamente nas últimas décadas (UNDP, 1997). Em vez da antiga fratura entre o norte e o sul, afirma-se que uma nova divisão internacional do trabalho vem substituindo o tradicional modelo centro-periferia das relações econômicas globais. Como resultado, o "Terceiro Mundo" vai ficando cada vez mais diferenciado, à medida que mais Estados, tirando proveito dos mercados globais abertos, industrializam-se; a Coréia do Sul, por exemplo, é hoje membro da OCDE, o clube ocidental das nações "ricas", enquanto muitos outros países em processo de industrialização aspiram a participar dela. Reconhecendo os limites econômicos e morais da busca da igualdade global, os neoliberais continuam dispostos a aceitar as desigualdades "naturais" criadas pelo mercado global, quando comparadas à perda de liberdade — e de eficiência econômica — acarretada pela intervenção multilateral para corrigir as conseqüências da globalização econômica desigual (Ohmae, 1995).

Nessa medida, a globalização econômica é associada a uma crescente prosperidade mundial: a pobreza extrema e a desigualdade global são vistas como estados transicionais, que desaparecerão com a modernização global conduzida pelo mercado. A globalização econômica, afirma-se, cria as precondições para uma ordem mundial mais estável e pacífica, uma vez que a interdependência econômica duradoura, como confirmam as relações entre os Estados ocidentais, torna cada vez mais irracional o recurso à força militar ou à guerra e, portanto, torna-o cada vez mais improvável (Mitrany, 1975; Howard, 1981; Mueller, 1989; Russett, 1993).

Os globalistas de orientação social-democrata ou radical dão uma interpretação bem diferente das desigualdades globais. A globalização econômica, dizem eles, é diretamente responsável por aumentar as disparidades de oportunidade de vida no mundo inteiro — há um aprofundamento da polarização da renda e da riqueza (Beetham, 1995; Falk, 1995a; Gill, 1995; Comissão de Gestão Global, 1995; Bradshaw e Wallace, 1996; Castells, 1997; Greider, 1997; Hoogvelt, 1997; Gray, 1998; UNDP, 1999). Três padrões correlatos se evidenciam: a segmentação da força de trabalho mundial entre os que ganham e os que perdem com a globalização econômica; a crescente marginalização dos perdedores da economia global; e o desgaste da solidariedade social das nações, uma vez que os sistemas de assistência social não podem ou os governos não querem arcar com os custos de proteger os mais vulneráveis (Lawrence, 1996; Castells, 1997; Cox, 1997; Dicken, 1998; Gray, 1998; Scharpf, 1999). A globalização econômica cria um mundo mais abastado para alguns, à custa da pobreza crescente de outros. Essa pobreza, entretanto, já não se restringe ao sul, ao mundo em desenvolvimento, mas vem aumentando também em alguns setores do norte abastado (Birdsall, 1998; UNDP, 1999).

A globalização econômica, afirmam esses globalistas, é responsável pela globalização crescente da pobreza. Nas economias da OCDE, a desigualdade, o desemprego e a exclusão social aumentaram, já que muitos empregos não qualificados e semiqualificados foram transferidos para empreitadas mais lucrativas em países em desenvolvimento (Rodrik, 1997; Castells, 1998). Essa reestruturação econômica global acarreta uma segmentação horizontal da força de trabalho, tanto em países ricos quanto pobres, entre os que ganham e os que perdem com o capitalismo global (Castells, 1997). Isso divide as nações e desgasta a base da solidariedade social. Nas economias avançadas, a competição global mina as coalizões sociais e políticas necessárias aos programas sólidos de bem-estar social e à política de proteção social, enquanto, no mundo em desenvolvimento, os programas de assistência social supervisionados pelo FMI e pelo Banco Mundial restringem severamente os gastos públicos com o bem-estar social. Hoje em dia, segundo se sugere, a globalização da pobreza é, cada vez mais, um tema de preocupação vital global e compartilhada (Dickson, 1997). Ao dividir os Estados e povos, ela gera uma fragmentação mais profunda da ordem mundial e das sociedades, gerando as condições de um mundo mais instável. A menos que a globalização econômica seja refreada, diz essa tese, um novo barbarismo irá prevalecer, à medida que a pobreza, a exclusão social e o conflito social envolverem o mundo.

O que se requer é uma nova ética global, que reconheça "o dever de cuidar" além das fronteiras, bem como dentro delas, e uma nova negociação global entre nações ricas e pobres. Isso implica repensar a democracia social como um projeto puramente nacional, reconhecendo que, para continuar eficaz num mundo que se globaliza, ela tem que estar inserida num sistema reformulado e muito mais forte de gestão global, que procure combinar a segurança humana com a eficiência econômica (Held, 1995; Giddens, 1999; UNDP, 1999). A reconstrução de um projeto social democrático exige a busca coordenada de programas nacionais, regionais e globais que regulem as forças da globalização econômica — a garantia, em outras palavras, de que os mercados globais comecem a servir às populações do mundo, e não o inverso. Estender a democracia social para além das fronteiras também depende de fortalecer os laços de solidariedade entre as forças sociais, nas diferentes regiões do mundo, que procuram contestar ou resistir aos termos da globalização econômica contemporânea. Assim como o sistema de Bretton Woods criou uma ordem econômica mundial conducente à busca da democracia social nacional, faz-se necessário um novo pacto (social democrático) global, afirmam muitos globalistas, para domar as forças da globalização econômica e criar uma ordem mundial mais justa e mais humana.

O desafio da desigualdade duradoura

Para os céticos, especialmente os de inclinação marxista tradicional, a perspectiva de um New Deal global é decididamente utópica. Mesmo reconhecendo que o capitalismo contemporâneo está criando um mundo mais dividido e desregrado, é pura ingenuidade política, diriam muitos, presumir que os Estados, as empresas e as forças sociais que mais se beneficiam da atual ordem mundial tendam, em algum momento, a consentir em sua reforma efetiva, e muito menos em sua transformação (Callinicos et al., 1994; Burbach et al., 1997). Segundo essa análise, o centro e a periferia — o Primeiro Mundo e o Terceiro Mundo — continuam a ser, sem sombra de dúvida, um aspecto fundamental da ordem mundial vigente. Em vez de o capital internacional criar "um só mundo", ele tem sido acompanhado pelo aprofundamento da desigualdade global, através da marginalização da maioria das economias do Terceiro Mundo, à medida que se intensificam os fluxos de comércio e investimento entre as economias da OCDE, com exclusão de grande parte do resto do planeta. Em vez de uma nova divisão global do trabalho, a análise radical aponta para um aprofundamento da fratura norte-sul (Burbach et al., 1997).

É central nessa análise a concepção da internacionalização econômica contemporânea como nada além de uma nova forma de imperialismo ocidental. Atualmente, 50% da população mundial e dois terços de seus governos estão presos às regras disciplinares do FMI ou do Banco Mundial (Pieper e Taylor, 1998). Como demonstrou a crise do Leste asiático, até os mais abastados dentre os países em processo de industrialização estão sujeitos à dominação dos governos do G7, particularmente dos Estados Unidos. A internacionalização econômica reforça, em vez de substituir, os padrões históricos de dominação e dependência, de tal sorte que as possibilidades de desenvolvimento real permanecem efetivamente bloqueadas. Com o aumento da pobreza, o conflito entre o norte e o sul se aprofunda, enquanto o Ocidente abastado, através de vários mecanismos que vão desde a OTAN até o Banco Mundial, recorre a uma forma de "controle global do tumulto" para consolidar seu poder e garantir seu sucesso econômico. A internacionalização do capital vem criando um mundo cada vez mais insubordinado e violento, no qual a pobreza, a privação e o conflito são a realidade cotidiana da maioria dos povos. Nesse contexto, reformar a arquitetura da ordem econômica atual é um gesto inútil, quando o que se requer para acabar com o imperialismo é uma mudança nacional revolucionária, tanto nas metrópoles quanto na periferia. Somente uma ordem internacional socialista, na qual os Estados socialistas sejam as peças essenciais da construção, é capaz de erradicar a pobreza global através da redistribuição resoluta da riqueza e dos privilégios (Callinicos et al., 1994).

Em contraste, os céticos de inclinação mais realista vêem essas prescrições como puro idealismo, se não fantasia, num mundo que assistiu recentemente ao colapso completo do socialismo de Estado. O problema da desigualdade global, sugerem eles, é, na verdade, uma das questões internacionais mais refratárias da agenda global, e uma questão que desafia uma resolução eficaz (Krasner, 1985). Com respeito a isso, embora possam admitir que a internacionalização econômica está associada a uma polarização cada vez maior entre as nações ricas e pobres, eles não consideram que seja essa a causa única ou sequer primária da desigualdade crescente. Fatores nacionais, que vão desde a dotação de recursos até a política econômica, são tão ou mais importantes como determinantes do padrão de desigualdade global (Gilpin, 1987). Presumir que ela possa ser moderada, e muito menos erradicada, através de uma intervenção internacional coordenada, ou da criação de uma ordem mundial socialista, é um erro categórico. É que a desigualdade está inscrita na própria estrutura da ordem mundial, visto que a hierarquia global do poder é conseqüência de um sistema que classifica os Estados de acordo com sua dotação econômica e militar nacional (Gilpin, 1981; Krasner, 1985; Clark, 1989; Krasner, 1993; K.W. Thompson, 1994). Além disso, essa hierarquia do poder, afirmam os realistas, é essencial para a manutenção de uma ordem internacional estável, já que, num sistema de Estados anárquico — isto é, de auto-ajuda —, a paz e a segurança acabam dependendo da disposição dos Estados mais poderosos de policiar o sistema. A hierarquia, daí a desigualdade, é um ingrediente vital da concepção realista da ordem mundial, assim como a base da governabilidade internacional eficaz (Woods, 1999). Moderar as desigualdades globais pode ser uma aspiração moral, mas não é necessariamente uma aspiração racional se vier a solapar a base principal da ordem internacional. Tampouco é uma aspiração viável num sistema em que os Estados lutam constantemente para manter seu poder e influência uns sobre os outros. As tentativas multilaterais de abordar as desigualdades globais, através do refreamento do poder dos mercados globais, estão necessariamente fadadas ao fracasso, visto que os fracos não dispõem de meios efetivos para obrigar os fortes a tomar medidas que, por definição, ameaçam seu poder e sua riqueza (Krasner, 1985). Por essas razões, entre outras, os céticos demonstram certa antipatia e algumas reservas em relação aos projetos grandiosos de estabelecimento de uma ordem mundial mais eqüitativa e mais justa (Woods, 1999). Paradoxalmente, ponderam eles, é provável que tal ordem mundial não seja mais segura nem mais pacífica do que a atual ordem injusta. Isso não quer dizer que os de convicção realista necessariamente considerem a desigualdade crescente como moralmente aceitável ou politicamente sustentável a longo prazo, mas crêem que ela continua a ser um problema sem nenhum meio efetivo de resolução internacional (Krasner, 1985).

É somente dentro das fronteiras do Estado-nação — da nação como comunidade moral de destino — que é possível materializar soluções legítimas e eficientes para o problema da desigualdade global. Tais soluções serão sempre parciais e limitadas, uma vez que, realisticamente, os governos não podem aspirar a corrigir todas as fontes externas de desigualdade interna. Embora a cooperação internacional entre os Estados possa viabilizar a correção de alguns dos piores excessos do mercado global, as desigualdades, no fim das contas, só podem ser enfrentadas com sucesso e legitimidade através do aparato dos sistemas nacionais de bem-estar social e da busca resoluta de riqueza e poder econômico nacionais. Os governos nacionais, concluem os céticos, continuam a ser os únicos instrumentos apropriados e comprovados de mediação e correção das conseqüências mais graves da internacionalização econômica desigual e, portanto, da materialização da "boa comunidade" (Hirst e Thompson, 1999).

6. Ordens mundiais, futuros normativos

Ao longo de todo o período moderno, os conceitos do bem político têm sido elaborados, em geral, no nível das instituições e práticas estatais; o Estado tem se colocado na interseção de concepções intelectual e moralmente ambiciosas da vida política (Dunn, 1990, p.142-60). *Grosso modo*, a teoria política tem tomado o Estado-nação como ponto de referência fixo e procurado situá-lo no centro das interpretações sobre a natureza e a forma apropriada do bem político. As relações entre os Estados são analisadas, é claro, mas raramente examinadas, sobretudo nos últimos tempos, como um elemento central da teoria política e da filosofia política. O elemento central tem sido a comunidade política territorial e suas muitas relações possíveis com o que é desejável ou politicamente bom.

Comunitarismo político

A teoria e a prática da democracia liberal acrescentaram matizes importantes a essa posição. É que, na estrutura da democracia liberal, embora as fronteiras territoriais e o Estado-nação demarquem os limites espaciais adequados do bem político, a articulação destes últimos está diretamente ligada à cidadania.

As teorias do Estado moderno tendem a traçar um nítido contraste entre os poderes do Estado e o poder do povo (Skinner, 1989). Para teóricos do Estado como Hobbes, o Estado é o supremo ponto de referência político dentro de uma comunidade e um território específicos; ele independe dos súditos e dos governantes, com propriedades políticas distintas (1968, caps.16-19). Em contraste, os teóricos da democracia tendem a afirmar a idéia do povo como o corpo soberano ativo, com a capacidade, em princípio, de construir ou derrubar governos. Como disse Locke, sem nenhuma cerimônia, "a *comunidade retém* perpetuamente *um poder supremo* sobre seus legisladores e legislaturas" (1963, p.413; ver também 1963, p.477). O bem político é inerente a um processo de participação política em que a vontade coletiva é determinada por meio de representantes eleitos, e deve ser especificado por ele (Bobbio, 1989, p.144). O poder ou autoridade de direito, isto é, a soberania, está investido no povo, sujeito a várias regras, procedimentos e instituições arraigados, que compõem os acordos constitucionais nacionais e as tradições jurídicas. O bem democrático desdobra-se no contexto desses mecanismos delimitadores ou auto-restritivos (Holmes, 1988; Dahl, 1989).

A teoria do bem político, na moderna organização política territorial, apóia-se em alguns pressupostos que justificam um esforço de esclarecimento (ver Miller, 1999). Rezam eles que a comunidade política está adequadamente constituída e delimitada quando:

1. Seus membros têm uma identidade sociocultural comum, isto é, compartilham a compreensão, explícita ou implícita, de uma cultura, tradição, língua e pátria distintas, que os liga como grupo e constitui uma (se não a) base (reconhecida ou não reconhecida) de suas atividades.

2. Há uma estrutura comum de "preconceitos", propósitos e objetivos, que gera um etos político comum, ou seja, uma "comunidade de destino" imaginada, que os liga diretamente a um projeto político comum — a idéia de que eles formam um povo que deve governar a si mesmo.

3. Existe — ou está em processo de desenvolvimento — uma estrutura institucional que protege e representa a comunidade, age em nome dela e promove o interesse coletivo.

4. A "congruência" e a "simetria" prevalecem entre os "governantes" e "governados" da comunidade, entre os que tomam as decisões políticas e os que as recebem. Em outras palavras, as comunidades nacionais, exclusivamente, "programam" os atos, decisões e medidas de seus governos, enquanto estes determinam o que é certo ou apropriado para seus cidadãos.

5. Os membros, em virtude da presença das condições 1-4, desfrutam de uma estrutura comum de direitos e deveres, isto é, podem reivindicar e ter uma expectativa razoável de receber certos tipos de tratamento eqüitativo, ou seja, certos tipos de princípios igualitários de justiça e participação política.

De acordo com essa visão, à qual podemos nos referir, nesse contexto, como a análise cética do bem político, as concepções adequadas do que é correto para a comunidade política e seus cidadãos decorrem de suas raízes culturais, políticas e institucionais, de suas tradições e fronteiras. Estas geram os recursos — conceituais e organizacionais — para a determinação de seu destino e sua sorte. E o princípio subjacente da justificação é comunitário: o discurso ético não pode ser desvinculado da "forma de vida" de uma comunidade; as categorias do discurso político são parte integrante de uma determinada tradição; e os valores dessa comunidade têm precedência sobre os requisitos individuais ou globais (Walzer, 1983; Miller, 1988; MacIntyre, 1981, 1988).

Uma ética global

Os globalistas discordam de todas as proposições acima, concluindo que o bem político de hoje só pode revelar-se através de uma reflexão sobre a diversidade das "comunidades de destino" a que pertencem os indivíduos e grupos, e sobre a maneira como essa diversidade é reforçada pelas transformações políticas trazidas na esteira da globalização. De acordo com essa interpretação globalista, o bem político enraíza-se em comunidades que se superpõem e numa sociedade civil e uma organização política global transnacionais e emergentes. As discussões sobre o bem político devem ser discussões sobre a natureza e a forma adequada da ordem global ora em desenvolvimento. A base dessa visão globalista pode ser apreendida a partir de uma crítica dos cinco pontos mencionados há pouco.

Em primeiro lugar, a identidade compartilhada em comunidades políticas tem sido resultado, historicamente, de esforços intensivos de construção política; ela jamais constituiu um dado (ver p.37-43; cf. Gellner, 1983; B. Anderson, 1983; Smith, 1986, 1995). Mesmo dentro dos limites das comunidades estabelecidas desde longa data, a identidade cultural e política é freqüentemente questionada nas e pelas classes sociais, divisões de gênero, compromissos locais de fidelidade, grupos étnicos e gerações. A existência de uma identidade política comum não pode ser simplesmente depreendida dos símbolos vociferantemente proclamados da identidade nacional. O significado desses símbolos é contestado e o "etos" das comunidades é freqüentemente debatido. Os valores comuns de uma comunidade podem ficar sujeitos a intensas disputas. Justiça, responsabilidade, vigência da lei e bem-estar social são apenas alguns termos em torno dos quais pode parecer que existe uma linguagem comum, mas onde podem estar presentes concepções radicalmente distintas (Held, 1991, p.11-21). De fato, se o que se pretende dizer com consenso político é a integração normativa numa comunidade, então ele é raríssimo (Held, 1996, Parte 2; e ver adiante). Somente como exceção — por exemplo, durante as guerras — é que a identidade política é um fenômeno singular, unitário. Além disso, os agentes políticos pensantes contemporâneos, sujeitos a uma extraordinária diversidade de informações e comunicações, podem ser influenciados por imagens, conceitos, estilos de vida e idéias provenientes de muito além de suas comunidades imediatas, e podem passar a se identificar com grupos fora de suas fronteiras — étnicos, religiosos, sociais e políticos (J.B. Thompson, 1995; Held et al., 1999, cap.8; Keck e Sikkink, 1998). E, embora não haja razão para supor que elas se identificarão acriticamente com qualquer um destes, é bem possível que as idéias, compromissos ou relacionamentos pessoalmente escolhidos sejam mais importantes para a identidade de algumas pessoas do que a "participação numa comunidade de nascimento" (J. Thompson, 1998, p.190; cf. Giddens, 1991; Tamir, 1993). A identidade cultural e política, hoje em dia, está sob constante revisão e reconstrução.

Em segundo lugar, a tese que situa o bem político firmemente no terreno do Estado-nação deixa de considerar ou de apreciar adequadamente a diversidade das comunidades políticas que os indivíduos podem valorizar, bem como o fato de os indivíduos poderem engajar-se coerentemente em diferentes associações ou coletividades, em níveis diferentes e para fins diferentes (J. Thompson, 1998). É perfeitamente possível, por exemplo, desfrutar de participação e direito de voto na Escócia, no Reino Unido e na Europa, sem que isso ameace, necessariamente, a identificação ou o compromisso do indivíduo com qualquer dessas três entidades políticas (ver Archibugi et al., 1998). É também perfeitamente possível ter uma identificação estreita com as metas e ambições de um movimento social transnacional — diga ele respeito a questões ambientais, de gênero ou de direitos humanos — sem comprometer outras filiações políticas mais locais. Essa pluralização das orientações e compromissos políticos pode ser ligada ao desgaste da capacidade do Estado de manter uma identidade política singular diante da globalização. No primeiro caso, a globalização vem enfraquecendo a capacidade de o Estado cumprir o que promete aos cidadãos, com isso desgastando sua legitimidade e a confiança dos cidadãos em seu legado histórico. Ao mesmo tempo, a globalização dos processos culturais e das comunicações vem estimulando novas imagens da comunidade, novas vias de participação política e novos discursos sobre a identidade. A globalização está ajudando a criar novos padrões de comunicação e informação e uma densa rede de relações que ligam determinados grupos e culturas entre si, transformando a dinâmica das relações políticas, acima, abaixo e paralelamente ao Estado. Com freqüência crescente, comunidades políticas bem-sucedidas têm que trabalhar com, e não contra, uma multiplicidade de identidades, culturas e grupos étnicos. Muitas vezes, o consenso que poderia sustentar essas comunidades é frágil e puramente baseado no compromisso com procedimentos comuns — por exemplo, mecanismos processuais para a resolução de conflitos —, e não num conjunto de valores substantivos já dados. O etos político nacional pode ser, na melhor das hipóteses, superficial.

Em terceiro lugar, a globalização "esvaziou" os Estados, minando sua soberania e autonomia. As instituições e agentes políticos estatais assemelham-se cada vez mais a "zumbis" que executam os gestos da política, mas não conseguem determinar qualquer bem público substantivo que promova o bem-estar social (Beck, 1992, 1997). As estratégias políticas contemporâneas envolvem a facilitação da adaptação aos mercados mundiais e aos fluxos econômicos transnacionais. A adaptação à economia internacional — sobretudo aos mercados financeiros globais — vem se tornando um ponto de orientação fixo na política econômica e social. Os "sinais de decisão" desses mercados e de seus agentes e forças principais tornam-se uma norma, se não a norma, do processo decisório racional. Essa postura está ligada, além disso, à busca de medidas distintivas pelo lado da oferta — acima de tudo, ao uso da educação e da formação como instrumentos da política econômica. Cada cidadão deve ser dotado de um capital cultural e educacional que permita enfrentar os desafios da competição (local, nacional, regional e global) intensificada, bem como da maior mobilidade do capital industrial e financeiro. Os Estados já não têm a capacidade e os instrumentos políticos de que precisam para contestar os imperativos da mudança econômica global; em vez disso, têm que ajudar os cidadãos a irem aonde quiserem, através do fornecimento de recursos sociais, culturais e educacionais. Os termos de referência da política pública são ditados por mercados globais e pela iniciativa empresarial. A busca do bem público torna-se sinônima de promover a adaptação a esse objetivo privado. Por conseguinte, os papéis do Estado como protetor e representante da comunidade territorial, como coletor e (re)alocador de recursos entre seus membros e como promotor de um bem comum independente e deliberativamente testado estão em declínio.

Em quarto lugar, o destino de uma comunidade nacional já não está em suas próprias mãos. Os processos econômicos, ambientais e políticos regionais e globais redefinem profundamente o conteúdo das decisões nacionais. Além disso, as decisões tomadas por organizações quase regionais ou quase supranacionais, como a União Européia, a OMC ou a Organização do Tratado do Atlântico Norte (OTAN), diminuem a gama de opções políticas ao alcance de "maiorias" nacionais. Similarmente, as decisões tomadas por Estados específicos — e não apenas pelas nações econômica ou militarmente mais poderosas — podem ramificar-se através das fronteiras, circunscrevendo e remoldando o terreno político. Os governos nacionais não determinam, de modo algum, o que é certo ou apropriado para seus cidadãos (Offe, 1985). As políticas nacionais referentes às taxas de juros, à exploração de florestas tropicais, ao incentivo ou restrição do cultivo de alimentos transgênicos, à compra e fabricação de armas, aos incentivos para atrair para o país os investimentos de empresas multinacionais, e também as decisões referentes a uma vasta gama de outras questões públicas, desde a AIDS até os problemas enfrentados por uma cultura pós-antibióticos, podem ter conseqüências importantes para os povos vizinhos e os de terras distantes. Assim, as comunidades políticas estão inseridas numa gama substancial de processos que as ligam em configurações complexas.

Em quinto lugar, as comunidades estão presas em redes de gestão regional e global que alteram e comprometem sua capacidade de fornecer uma estrutura comum de direitos, deveres e assistência a seus cidadãos. Os processos, organizações e instituições regionais e globais reduzem, circunscrevem e delimitam os tipos de direitos e oportunidades que os Estados-nação podem oferecer e garantir. Desde os direitos humanos até os regimes de comércio, o poder político vem sendo rearticulado e reconfigurado. Com freqüência cada vez maior, os padrões contemporâneos de globalização associam-se a um sistema de governo multiestratificado, à difusão do poder político e a uma defasagem crescente entre a influência das comunidades mais ricas e mais pobres. Surge uma constelação complexa de "ganhadores" e "perdedores". Presos numa gama de forças geograficamente diversas, os governos nacionais estão tendo que reconsiderar seus papéis e funções. Embora a intensificação das relações políticas regionais e globais tenha diminuído o poder dos governos nacionais, é cada vez mais reconhecido que a manutenção e a promoção do bem público requerem uma ação multilateral coordenada, por exemplo, para impedir a recessão global e promover o crescimento sustentável, para proteger os direitos humanos e interceder quando eles forem claramente violados, ou para agir de maneira a evitar catástrofes ambientais, como a redução da camada de ozônio ou o aquecimento global. Está ocorrendo uma transição do governo para uma gestão global em níveis múltiplos. Por conseguinte, a lógica institucional do bem político está sendo reconfigurada.

Cada uma das cinco proposições formuladas pelos céticos — os teóricos e defensores do moderno Estado-nação (ver p.80-1) — pode ser contrastada com as posições sustentadas pelos globalistas. Assim, a comunidade política e o bem público precisam ser entendidos, segundo a visão dos globalistas, da seguinte maneira:

1. Cada vez mais, os indivíduos têm compromissos de lealdade complexos e identidades multifacetadas, correspondentes à globalização das forças econômicas e culturais e à reconfiguração do poder político. Os movimentos dos bens culturais

através das fronteiras, a hibridização e a mescla das culturas criam a base de uma sociedade civil transnacional e de identidades superpostas — uma estrutura comum de entendimento para os seres humanos, que se expressa e une as pessoas cada vez mais em coletividades entrelaçadas capazes de construir e sustentar movimentos, órgãos e estruturas jurídicas e institucionais transnacionais.

2. O desenvolvimento contínuo de fluxos de recursos e redes de interação regionais, internacionais e globais, assim como o reconhecimento, por um número crescente de pessoas, da interligação sempre maior das comunidades políticas em diversos campos — inclusive os campos social, cultural, econômico e ambiental —, geram uma consciência de "destinos coletivos" superpostos que exigem soluções coletivas. A comunidade política começa a ser reimaginada em termos regionais e globais.

3. Existe uma estrutura institucional que abrange elementos do governo local, nacional, regional e global. Em níveis diferentes, as várias comunidades são protegidas e representadas (ainda que, muitas vezes, de maneira imperfeita); seus interesses coletivos requerem o avanço multilateral e a adaptação interna (local e nacional), para serem sustentados e promovidos.

4. Processos econômicos, sociais e ambientais complexos, redes cambiantes de agências regionais e internacionais e as decisões de muitos Estados e organizações privadas transpõem locais nacionais espacialmente delimitados com conseqüências decisivas para seus projetos políticos e suas escolhas estratégicas. A globalização altera decisivamente o que uma comunidade nacional pode pleitear de seu governo, o que os políticos podem prometer e efetivamente cumprir, e a gama das pessoas ou povos afetados pelas ações governamentais. As comunidades políticas estão sendo "reprogramadas".

5. Os direitos, os deveres e o bem-estar dos indivíduos só podem ser satisfatoriamente garantidos se, além de sua articulação adequada nas constituições nacionais, forem respaldados por regimes, leis e instituições regionais e globais. A promoção do bem político e de princípios igualitários de justiça e participação política é buscada, com acerto, nos níveis regional e global. Suas condições de possibilidade estão inextricavelmente ligadas à criação e desenvolvimento de organizações transnacionais sólidas e de instituições de governo regional e global. Numa era global, estas últimas constituem a base necessária para as relações de cooperação e a conduta justa.

Em contraste com a concepção do bem político promulgada pelos defensores do moderno Estado-nação, o que é certo para a comunidade política e seus cidadãos, na visão dos globalistas, deve decorrer de uma reflexão sobre os processos que geram a mescla dos destinos nacionais. A fusão crescente de forças econômicas, sociais, culturais e ambientais mundiais exige que se repense a postura política e filosoficamente "isolacionista" dos comunitaristas e dos céticos. É que o mundo contemporâneo "não é um mundo de comunidades fechadas, com modos de pensar mutuamente impenetráveis, economias auto-suficientes e Estados idealmente soberanos" (O'Neill, 1991, p.282). Não apenas o discurso ético é separável das formas de vida numa comunidade nacional, como ele vem se desenvolvendo hoje em dia na interseção e nos interstícios de comunidades, tradições e línguas que se superpõem. Cada vez mais, suas categorias resultam da mediação de culturas, processos de comunicação e formas de entendimento diferentes. Não há um número suficiente de boas razões, em princípio, para que os valores de determinadas comunidades políticas suplantem ou tenham precedência sobre os princípios globais de justiça e participação política. É claro que os globalistas, tal como os céticos, amiúde têm concepções muito diferentes do que está exatamente em jogo aí, ou seja, têm idéias muito diferentes de como deve ser a ordem global e quais devem ser os princípios morais a sustentá-la. Mas eles traçam uma clara distinção entre sua concepção e a dos céticos sobre onde está o bem político. Enquanto, para estes últimos, o discurso ético esteve e permanece firmemente enraizado na comunidade política delimitada, para os primeiros ele faz parte, claramente, do mundo de "fronteiras rompidas" — da "comunidade mundial" ou da "aldeia global".

Conclusão

O grande debate sobre a globalização, resumido na Tabela 1, identifica algumas das questões mais fundamentais de nossa época. Apesar da propensão à hipérbole, observada em ambos os lados, em geral os protagonistas elaboram argumentos de suma importância e criteriosamente ponderados. Eles levantam questões sobre a organização dos assuntos humanos e a trajetória da mudança social global. Também levantam temas que estão no centro da discussão política, esclarecendo algumas das escolhas estratégicas com que as sociedades se deparam e as limitações que definem as possibilidades de uma ação política eficaz.

Serão essas duas posturas fundamentalmente opostas e contraditórias em todos os aspectos, ou haverá possibilidade de uma síntese produtiva? Não é objetivo deste trabalho responder a tal pergunta. Na verdade, procuramos fazê-lo minuciosamente em outro texto, e ultrapassaria em muito o âmbito deste ensaio mapear esse terreno (ver Held et al., 1999). Alguns pontos, entretanto, merecem ser enfatizados, à guisa de conclusão.

TABELA 1

O grande debate sobre a globalização: resumo

	Céticos	Globalistas
1. Conceitos	Internacionalização, não globalização Regionalização	Um só mundo, moldado por fluxos, movimentos e redes sumamente extensos, intensivos e rápidos através das regiões e continentes
2. Poder	Predomina o Estado nacional Intergovernamentalismo	Desgaste da soberania, da autonomia e da legitimidade do Estado Declínio do Estado-nação Aumento do multilateralismo
3. Cultura	Ressurgimento do nacionalismo e da identidade nacional	Surgimento da cultura popular global Desgaste das identidades políticas fixas Hibridização
4. Economia	Desenvolvimento de blocos regionais Triadização Novo imperialismo	Capitalismo global informacional Economia transnacional Nova divisão global do trabalho
5. Desigualdade	Defasagem crescente entre o norte e o sul Conflitos de interesse irreconciliáveis	Desigualdade crescente nas e entre as sociedades Desgaste das antigas hierarquias
6. Ordem	Sociedade internacional de Estados Persiste inevitavelmente o conflito entre os Estados Gestão internacional e geopolítica Comunitarismo	Gestão global em camadas múltiplas Sociedade civil global Organização política global Cosmopolitismo

No primeiro caso, o debate suscita questões profundas de interpretação. Mas, embora aponte que os fatos certamente não falam por si e que seu sentido depende de arcabouços interpretativos complexos, seria um erro concluir que os dados reunidos são de importância secundária. Há disputas em torno da conceituação e da interpretação de alguns dos dados mais cruciais. Entretanto, é freqüente haver uma diferença marcante entre os tipos de provas oferecidos pelos dois lados. Por exemplo, os céticos depositam a ênfase primordial na organização da produção e do comércio (frisando o enraizamento geográfico das empresas multinacionais e as mudanças insignificantes das proporções entre o comércio e o PIB ao longo do século XX), ao passo que os globalistas concentram-se na desregulamentação financeira e no crescimento explosivo dos mercados financeiros globais nos últimos 25 anos. Os céticos enfatizam a primazia contínua dos interesses nacionais e as tradições culturais das comunidades nacionais que sustentam sua identidade distinta, enquanto os globalistas apontam para a importância crescente dos problemas políticos globais — como a poluição mundial, o aquecimento global e as crises financeiras —, que criam um sentimento crescente do destino comum da humanidade. Uma resposta ponderada ao debate teria que pesar todas essas considerações para chegar a uma visão bem fundamentada.

Em segundo lugar, embora existam, é claro, diferenças muito significativas entre (e dentro de) cada um dos campos, há um certo terreno comum. O debate não abrange simplesmente aspectos que passam. Na verdade, os dois lados admitiriam que:

1. Houve um certo aumento, nas últimas décadas, da interligação econômica nas e entre as regiões, ainda que com conseqüências multifacetadas e desiguais nas diferentes comunidades.

2. A competição (política, econômica e cultural) inter-regional e global desafia as velhas hierarquias e gera novas desigualdades de riqueza, poder, privilégio e conhecimento.

3. Os problemas transnacionais e transfronteiriços, como a disseminação de alimentos geneticamente modificados e a lavagem de dinheiro, têm ganho destaque cada vez maior, questionando o papel, as funções e as instituições de responsabilidade tradicionais dos governos nacionais.

4. Houve uma expansão da gestão internacional nos planos regional e global — desde a União Européia até a OMC —, que levanta importantes questões normativas acerca do tipo de ordem mundial que está sendo construído e dos interesses a que ela serve.

5. Esses fenômenos exigem novas maneiras de pensar sobre a política, a economia e a mudança cultural. Exigem também respostas criativas dos políticos e legisladores sobre as futuras possibilidades e formas de regulação política eficaz e de responsabilidade democrática.

Em terceiro lugar, cremos que o debate destaca que há muito a aprender com ambos os lados; seria implausível afirmar que qualquer deles compõe-se de mera retórica e ideologia. A argumentação cética tem uma profundidade histórica significativa e precisa ser cuidadosamente dissecada para que seja possível defender adequadamente a posição dos globalistas. Muitas das afirmações empíricas levantadas pelos argumentos dos céticos — por exemplo, com respeito à importância histórica dos fluxos contemporâneos de comércio e de investimento direto — exigem um exame pormenorizado e rigoroso. Dito isso, entretanto, o globalismo, em suas diversas formas, de fato esclarece algumas transformações importantes que vêm ocorrendo na organização espacial do poder — a natureza mutável da comunicação, a difusão e a velocidade da mudança tecnológica, a disseminação do desenvolvimento econômico capitalista etc. —, ainda que sua compreensão dessas questões exagere, vez por outra, a escala e o impacto delas. Por último, os desafios políticos suscitados pelo debate são profundos e merecem a mais séria consideração. O que está em jogo, afinal, são questões referentes aos princípios éticos e institucionais que podem ou devem instrumentalizar a organização apropriada dos assuntos humanos e a futura forma da ordem mundial.

Referências bibliográficas

Albrow, M. (1996). *The Global Age*, Cambridge, Polity Press.

Altvater, E. e B. Mahnkopf (1997). "The world market unbound", *Review of International Political Economy*, 4(3).

Amin, S. (1996). "The challenge of globalization", *Review of International Political Economy*, 2.

_____. (1997). *Capitalism in the Age of Globalization*, Londres, Zed Press.

Anderson, B. (1983). *Imagined Communities: Reflections on the Origins and Spread of Nationalism*, Londres, Verso.

Anderson, K. e R. Blackhurst (orgs.) (1993). *Regional Integration and the Global Trading System*, Brighton, Harvester.

Anderson, K. e H. Norheim (1993). "Is world trade becoming more regionalized?", *Review of International Economics*, 1.

Anderson, P. (1974). *Lineages of the Absolutist State*, Londres, New Left Books.

Archibugi, D., D. Held e M. Köhler (orgs.) (1998). *Re-imagining Political Community: Studies in Cosmopolitan Democracy*, Cambridge, Polity Press.

Ashford, D. (1986). *The Emergence of the Welfare State*, Oxford, Blackwell.

Axford, B. (1995). *The Global System*, Cambridge, Polity Press.

Barry, B. (1998). "The limits of cultural politics", *Review of International Studies*, 24 (3).

Beck, U. (1992). *Risk Society: Towards a New Modernity*, Londres, Sage.

_____. (1997). *The Reinvention of Politics*, Cambridge, Polity Press.

_____. (1999). *What is Globalization?*, Cambridge, Polity Press.

Beetham, D. (1995). "What future for economic and social rights?", *Political Studies* 48 (número especial).

Bentley, J.H. (1996). "Cross-cultural interaction and periodization in World History", *American Historical Review*, 101 (junho).

Birdsall, N. (1998). "Life is unfair: inequality in the world", *Foreign Policy*, 111.

Bobbio, N. (1989). *Democracy and Dictatorship*, Cambridge, Polity Press.

Boyer, R. e D. Drache (orgs.) (1996). *States against Markets*, Londres, Routledge.

Bozeman, A.B. (1984). "The international order in a multicultural world", in H. Bull e A. Watson (orgs.), *The Expansion of International Society*, Oxford, Oxford University Press.

Bradshaw, Y.W. e M. Wallace (1996). *Global Inequalities*, Londres, Pine Forge Press/Sage.

Braudel, F. (1984). *The Perspective of the World*, Nova York, Harper and Row.

Breuilly, J. (1992). *Nationalism and the State*, Manchester, Manchester University Press.

Brown, C. (1995). "International political theory and the idea of world community", in K. Booth e S. Smith (orgs.), *International Relations Theory Today*, Cambridge, Polity Press.

Bull, H. (1977). *The Anarchical Society*, Londres, Macmillan.

Burbach, R., O. Núñez e B. Kagarlitsky (1997). *Globalization and its Discontents*, Londres, Pluto Press.

Buzan, B., R. Little e C. Jones (1993). *The Logic of Anarchy*, Nova York, Columbia University Press.

Cable, V. (1996). "Globalization: can the state strike back?", *The World Today* (maio).

Callinicos. A. et al. (1994). *Marxism and the New Imperialism*, Londres, Bookmarks.

Castells, M. (1996). *The Rise of the Network Society*, Oxford, Blackwell.

_____. (1997). *The Power of Identity*, Oxford, Blackwell.

_____. (1998). *End of Millennium*, Oxford, Blackwell.

Clark, I. (1989). *The Hierarchy of States: Reform and Resistance in the International Order*, Cambridge, Cambridge University Press.

Clark, R.P. (1997). *The Global Imperative*, Boulder, Westview Press.

Commission on Global Governance (1995). *Our Global Neighbourhood*, Oxford, Oxford University Press.

Cooper, R.N. (1986). *Economic Policy in an Interdependent World*, Cambridge, Mass., MIT Press.

Cortell, A.P. e J.W. Davies (1996). "How do international institutions matter? The domestic impact of international rules and norms", *International Studies Quarterly*, 40.

Cox, R. (1996). "Globalization, multilateralism and democracy", in R. Cox (org.), *Approaches to World Order*, Cambridge, Cambridge University Press.

_____. (1997). "Economic globalization and the limits to liberal democracy", in A. McGrew (org.), *The Transformation of Democracy? Globalization and Territorial Democracy*, Cambridge, Polity Press.

Crawford, J. e S. Marks (1998). "The global democracy deficit: an essay on international law and its limits", in Archibugi et al., 1998.

Dahl, R.A. (1989). *Democracy and its Critics*, New Haven, Yale University Press.

Dicken, P. (1998). *Global Shift*, Londres, Paul Chapman.

Dickson, A. (1997). *Development and International Relations*, Cambridge, Polity Press.

Dore, R. (org.) (1995). *Convergence or Diversity? National Modes of Production in a Global Economy*, Nova York, Cornell University Press.

Dunn, J. (1990). *Interpreting Political Responsibility*, Cambridge, Polity Press.

Dunning, J. (1993). *Multinational Enterprises and the Global Economy*, Wokingham, Addison-Wesley.

Ekins, P. (1992). *A New World Order: Grassroots Movements for Global Change*, Londres, Routledge.

Falk, R. (1969). "The interplay of Westphalian and Charter conceptions of the international legal order", in R. Falk e C. Black (orgs.), *The Future of the International Legal Order*, vol.1, Princeton, Princeton University Press.

_____. (1987). "The global promise of social movements: explorations at the edge of time", *Alternatives*, 12.

_____. (1995a). "Liberalism at the global level: the last of the independent commissions?", *Millennium*, 24 (3).

_____. (1995b). *On Humane Governance: Toward a New Global Politics*, Cambridge, Polity Press.

Feldstein, M. e C. Horioka (1980). "Domestic savings and international capital flows", *Economic Journal*, 90.

Fernández-Armesto, F. (1995). *Millennium*, Londres, Bantam.

Ferro, M. (1997). *Colonization: A Global History*, Londres, Routledge.

Frank, A. G. (1998). *Re-Orient: Global Economy in the Asian Age*, Nova York, University of California Press.

_____. e B.K. Gills (orgs.) (1996), *The World System*, Londres, Routledge.

Frieden, J. (1991). "Invested interests: the politics of national economic policies in a world of global finance", *International Organization*, 45 (4).

Frost, M. (1986). *Towards a Normative Theory of International Relations*, Cambridge, Cambridge University Press.

Fukao, M. (1993). "International integration of financial markets and the costs of capital", *Journal of International Securities Markets*, 7.

Gagnon, J. e M. Unferth (1995). "Is there a world real interest rate?", *Journal of International Money and Finance*, 14.

Gamble, A. e A. Payne (1991). "Conclusion: the new regionalism", in A. Gamble e A. Payne (orgs.), *Regionalism and World Order*, Londres, Macmillan.

Garrett, G. (1996). "Capital mobility, trade and the domestic politics of economic policy", in R.O. Keohane e H.V. Milner (orgs.), *Internationalization and Domestic Politics*, Cambridge, Cambridge University Press.

_____. (1998). "Global markets and national politics", *International Organization*, 52.

_____. e P. Lange (1991). "Political responses to interdependence: what's 'left' for the left?", *International Organization*, 45 (4).

_____. (1996). "Internationalization, institutions and political change", in R.O. Keohane e H.V. Milner (orgs.), *Internationalization and Domestic Politics*, Cambridge, Cambridge University Press.

Gellner, E. (1983). *Nations and Nationalism*, Oxford, Blackwell.

Gereffi, G. e M. Korzeniewicz (orgs.) (1994). *Commodity Chains and Global Capitalism*, Westport, Praeger.

Germain, R. (1997). *The International Organization of Credit*, Cambridge, Cambridge University Press.

Geyer, M. e C. Bright (1995). "World history in a global age", *American Historical Review*, 100 (4).

Giddens, A. (1985). *The Nation-State and Violence*, vol.2 de *A Contemporary Critique of Historical Materialism*, Cambridge, Polity Press.

_____. (1990). *The Consequences of Modernity*, Cambridge, Polity Press.

_____. (1991). *Modernity and Self-Identity*, Cambridge, Polity Press.

_____. (1999). *The Third Way*, Cambridge, Polity Press.

Gill, S. (1992). "Economic globalization and the internationalization of authority: limits and contradictions", *Geo Forum*, 23 (3).

_____. (1995). "Globalization, market civilization and disciplinary neoliberalism", *Millennium*, 24(3).

Gilpin, R. (1981). *War and Change in World Politics*, Cambridge, Cambridge University Press.

_____. (1987). *The Political Economy of International Relations*, Princeton, Princeton University Press.

Gilroy, P. (1987). *There Ain't No Black in the Union Jack*, Londres, Hutchinson.

Godement, F. (1999). *The Downsizing of Asia*, Londres, Routledge.

Gordon, D. (1988). "The global economy: new edifice or crumbling foundations?", *New Left Review*, 168.

Gourevitch, P. (1986). *Politics in Hard Times*, Nova York, Cornell University Press.

Graham, G. (1997). *Ethics and International Relations*, Oxford, Blackwell.

Gray, J. (1998). *False Dawn*, Londres, Granta.

Greider, W. (1997). *One World, Ready or Not: The Manic Logic of Global Capitalism*, Nova York, Simon and Schuster.

Haass, R.N. e R.E. Liton (1998). "Globalization and its discontents", *Foreign Affairs* (maio-junho).

Hall, S. (1992). "The question of cultural identity", in S. Hall, D. Held e A. McGrew (orgs.), *Modernity and its Futures*, Cambridge, Polity Press.

Hanson, B.T. (1998). "What happened to Fortress Europe? External trade policy liberalization in the European Union", *International Organization*, 52 (1) (inverno).

Hart, J. (1992), *Rival Capitalists: International Competitiveness in USA, Japan and Western Europe*, Princeton, Princeton University Press.

Harvey, D. (1989). *The Condition of Postmodernity*, Oxford, Blackwell.

Hasenclever, A., P. Mayer e V. Rittberger (1997). *Theories of International Regimes*, Cambridge, Cambridge University Press.

Held, D. (org.) (1991). *Political Theory Today*, Cambridge, Polity Press.

_____. (1995). *Democracy and the Global Order: From the Modern State to Cosmopolitan Governance*, Cambridge, Polity Press.

_____. (1996). *Models of Democracy*, 2ªed., Cambridge, Polity Press.

_____., A. McGrew, D. Goldblatt e J. Perraton (1999). *Global Transformations: Politics, Economics and Culture*, Cambridge, Polity Press.

Helleiner, E. (1997). "Braudelian reflections on economic globalization: the historian as pioneer", in S. Gill e J. Mittleman (orgs.), *Innovation and Transformation in International Studies*, Cambridge, Cambridge University Press.

Herod, A., G.O. Tuathail e S.M. Roberts (orgs.) (1998). *Unruly World? Globalization, Governance and Geography*, Londres, Routledge.

Hirst, P. (1997). "The global economy: myths and realities", *International Affairs*, 73 (3) (julho).

_____. e G. Thompson (1996). *Globalization in Question*, Cambridge, Polity Press.

_____. (1999). *Globalization in Question*, 2ªed., Cambridge, Polity Press.

Hobbes, T. (1968). *Leviathan*, Harmondsworth, Penguin.

Hodgson, M.G.S. (1993). "The interrelations of societies in history", in E. Burke (org.), *Rethinking World History: Essays on Europe, Islam and World History*, Cambridge, Cambridge University Press.

Holmes, S. (1988). "Precommitment and the paradox of democracy", in J. Elster e R. Stagstad (orgs.), *Constitutionalism and Democracy*, Cambridge, Cambridge University Press.

Hoogvelt, A. (1997). *Globalization and the Postcolonial World: The New Political Economy of Development*, Londres, Macmillan.

Howard, M. (1981). *War and the Liberal Conscience*, Oxford, Oxford University Press.

Hu, W. (1992). "Global corporations are national firms with international operations", *California Management Review*, 34.

Hurrell, A. (1999). "Security and inequality", in A. Hurrell e N. Woods, *Inequality, Globalization and World Politics*, Oxford, Oxford University Press.

_____. e N. Woods (1995). "Globalization and inequality", *Millennium*, 2.

Jameson, F. (1991). *Postmodernism: The Cultural Logic of Late Capitalism*, Londres, Verso.

Jessop, B. (1997). "Capitalism and its future: remarks on regulation, government and governance", *Review of International Political Economy*, 4 (3).

Johnston, R.J., P.J. Taylor e M.J. Watts (orgs.) (1995). *Geographies of Global Change*, Oxford, Blackwell.

Jones, R.J.B. (1995). *Globalization and Interdependence in the International Political Economy*, Londres, Frances Pinter.

Kaldor, M. (1998). *New and Old Wars*, Cambridge, Polity Press.

Kapstein, E.B. (1994). *Governing the Global Economy: International Finance and the State*, Cambridge, Mass., Harvard University Press.

Keck, M. e K. Sikkink (1998). *Activists beyond Borders*, Nova York, Cornell University Press.

Keohane, R.O. (1984). *After Hegemony*, Princeton, Princeton University Press.

_____. (1995). "Hobbes's dilemma and institutional change in world politics: sovereignty in international society", in H.-H. Holm e G. Sørensen (orgs.), *Whose World Order?*, Boulder, Westview Press.

_____. (1998). "International institutions: can interdependence work?", *Foreign Policy* (primavera).

_____. e J.S. Nye (1972). *Transnational Relations and World Politics*, Cambridge, Mass., Harvard University Press.

_____. (1977). *Power and Interdependence*, Boston, Little, Brown.

Kofman, E. e G. Youngs (orgs.) (1996). *Globalization: Theory and Practice*, Londres, Pinter.

Korten, D.C. (1995). *When Corporations Ruled the World*, Hartford, Kumerian Press.

Krasner, S.D. (1985). *Structural Conflict: The Third World against Global Liberalism*, Los Angeles, University of California Press.

_____. (1993). "Economic interdependence and independent statehood", in R.H. Jackson e A. James (orgs.), *States in a Changing World*, Oxford, Oxford University Press.

_____. (1995). "Compromising Westphalia", *International Security*, 20 (3).

Krugman, P. (1994). "Does third world growth hurt first world prosperity?", *Harvard Business Review* (julho).

_____. (1995). "Growing world trade: causes and consequences", *Brookings Papers on Economic Activity*.

Lacey, R. e D. Danziger (1999). *The Year 1000*, Londres, Little, Brown.

Lawrence, R. (1996). *Single World, Divided Nations? International Trade and OECD Labor Markets*, Washington, DC, Brookings Institution.

Liebes, T. e E. Katz (1993). *The Export of Meaning: Cross-Cultural Readings of Dallas*, Cambridge, Polity Press.

Linklater, A. (1998). *The Transformation of Political Community*, Cambridge, Polity Press.

Lloyd, P.J. (1992). "Regionalization and world trade", *OECD Economics Studies*, 18 (primavera).

Locke, J. (1963). *Two Treatises of Government*, Cambridge, Cambridge University Press.

Luttwak, E. (1999). *Turbo-Capitalism*, Nova York, Basic Books.

McGrew, A.G. (1992). "Conceptualizing global politics", in McGrew e Lewis et al., 1992.

_____. e P.G. Lewis et al. (1992). *Global Politics*, Cambridge, Polity Press.

MacIntyre, A. (1981). *After Virtue*, Londres, Duckworth.

_____. (1988). *Whose Justice? Which Rationality?*, Londres, Duckworth.

McLuhan, M. (1964). *Understanding Media: The Extension of Man*, Londres, Routledge & Kegan Paul.

Mann, M. (1986). *The Sources of Social Power*, vol.1: *A History of Power from the Beginning to AD 1760*, Cambridge, Cambridge University Press.

_____. (1987). "Ruling strategies and citizenship", *Sociology*, 21 (3).

_____. (1997). "Has globalization ended the rise and rise of the nation-state?", *Review of International Political Economy*, 4.

Massey, D. e P. Jess (orgs.) (1995). *A Place in the World? Culture, Places and Globalization*, Oxford, Oxford University Press.

Mazlish, B. e R. Buultjens (orgs.) (1993). *Conceptualizing Global History*, Boulder, Westview Press.

Meyrowitz, J. (1985). *No Sense of Place*, Oxford, Oxford University Press.

Miller, D. (1988). "The ethical significance of nationality", *Ethics*, 98.

_____. (1992). "The young and the restless in Trinidad: a case of the local and the global in mass consumption", in R. Silverstone e E. Hirsch (orgs.), *Consuming Technology*, Londres, Routledge.

_____. (1999). "Justice and inequality", in A. Hurrell e N. Woods (orgs.), *Inequality, Globalization and World Politics*, Oxford, Oxford University Press.

Milner, H.V. (1997). *Interests, Institutions and Information: Domestic Politics and International Relations*, Princeton, Princeton University Press.

Mitrany, D. (1975). "The progress of international government" (1932), in P. Taylor (org.), *The Functional Theory of Politics*, Londres, LSE/Martin Robertson.

Modelski, G. (1972). *Principles of World Politics*, Nova York, Free Press.

Morse, E. (1976). *Modernization and the Transformation of International Relations*, Nova York, Free Press.

Mueller, L. (1989). *Retreat from Doomsday: The Obsolescence of Major War*, Nova York, Basic Books.

Neal, L. (1985). "Integration of international capital markets", *Journal of Economic History*, 45 (junho).

Nierop, T. (1994). *Systems and Regions in Global Politics*, Londres, John Wiley.

O'Brien, R. (1992). *The End of Geography: Global Financial Integration*, Londres, Pinter.

OECD (1997). *Communications Outlook*, Paris, Organização de Cooperação e Desenvolvimento Econômico.

Offe, C. (1985). *Disorganized Capitalism*, Cambridge, Polity Press.

Ohmae, K. (1990). *The Borderless World*, Londres, Collins.

_____. (1995). *The End of the Nation State*, Nova York, Free Press.

O'Neill, O. (1991). "Transnational justice", in D. Held (org.), *Political Theory Today*, Cambridge, Polity Press.

Parekh, B. (1989). "Between holy text and moral word", *New Statesman*, 23 de março.

Perlmutter, H.V. (1991). "On the rocky road to the first global civilization", *Human Relations*, 44 (9).

Perraton, J., D. Goldblatt, D. Held e A. McGrew (1997). "The globalization of economic activity", *New Political Economy*, 2 (primavera).

Pieper, U. e L. Taylor (1998). "The revival of the liberal creed: the IMF, the World Bank and inequality in a globalized economy", in D. Baker, G. Epstein e R. Podin (orgs.), *Globalization and Progressive Economic Policy*, Cambridge, Cambridge University Press.

Piore, M. e C. Sabel (1984). *The Second Industrial Divide*, Nova York, Basic Books.

Poggi, G. (1978). *The Development of the Modern State*, Londres, Hutchinson.

Porter, M. (1990). *The Competitive Advantage of Nations*, Londres, Macmillan.

Potter, D., D. Goldblatt, M. Kiloh e P. Lewis (orgs.) (1997). *Democratization*, Cambridge, Polity Press.

Reich, R. (1991). *The Work of Nations*, Nova York, Simon and Schuster.

Rheingold, H. (1995). *The Virtual Community*, Londres, Mandarin.

Rieger, E. e S. Liebfried (1998). "Welfare limits to globalization", *Politics and Society*, 26 (3).

Roberts, S.M. (1998). "Geo-governance in trade and finance and political geographies of dissent", in Herod et al., 1998.

Robertson, R. (1992). *Globalization: Social Theory and Global Culture*, Londres, Sage.

Robins, K. (1991). "Tradition and translation", in J. Corner e S. Harvey (orgs.), *Enterprise and Heritage: Crosscurrents of National Politics*, Londres, Routledge.

Rodrik, D. (1997). *Has Globalization Gone Too Far?*, Washington, D.C., Institute for International Economics.

Rosenau, J.N. (1990). *Turbulence in World Politics*, Brighton, Harvester Wheatsheaf.

_____. (1997). *Along the Domestic-Foreign Frontier*, Cambridge, Cambridge University Press.

Rowthorn, R. e J. Wells (1987). *De-industrialization and Foreign Trade*, Cambridge, Cambridge University Press.

Ruggie, J. (1993a). "Territoriality and beyond", *International Organization*, 41 (1).

_____. (org.) (1993b). *Multilateralism Matters*, Nova York, Columbia University Press.

Ruigrok, W. e R.V. Tulder (1995). *The Logic of International Restructuring*, Londres, Routledge.

Russett, B. (1993). *Grasping the Democratic Peace: Principles for a Post Cold War World*, Princeton, Princeton University Press.

Sandholtz, W. et al. (1992). *The Highest Stakes*, Oxford, Oxford University Press.

Sassen, S. (1996). *Losing Control? Sovereignty in an Age of Globalization*, Nova York, Columbia University Press.

Scharpf, F. (1991). *Crisis and Choice in European Social Democracy*, Nova York, Cornell University Press.

_____. (1999). *Governing in Europe: Effective and Democratic?*, Oxford, Oxford University Press.

Scholte, J.A. (1993). *International Relations of Social Change*, Buckingham, Open University Press.

_____. (1997). "Global capitalism and the state", *International Affairs*, 73 (3) (julho).

Shaw, M. (1994). *Global Society and International Relations*, Cambridge, Polity Press.

_____. (1997). "The state of globalization: towards a theory of state transformation", *Review of International Political Economy* 4 (3).

Shell, G.R. (1995). "Trade legalism and international relations theory: an analysis of the WTO", *Duke Law Journal*, 44 (5).

Skinner, Q. (1978). *The Foundations of Modern Political Thought*, vol. 2, Cambridge, Cambridge University Press.

_____. (1989). "The state", in T. Ball, J. Farr e R.L. Hanson (orgs.), *Political Innovation and Conceptual Change*, Cambridge, Cambridge University Press.

Slater, D. (1995). "Challenging western visions of the global: the geopolitics of theory and north-south relations", *European Journal of Development Research*, 7 (2).

Smith, A.D. (1986). *The Ethnic Origins of Nations*, Oxford, Blackwell.

_____. (1990). "Towards a global culture?", in M. Featherstone (org.), *Global Culture: Nationalism, Globalization and Modernity*, Londres, Sage.

_____. (1995). *Nations and Nationalism in a Global Era*, Cambridge, Polity Press.

Sterling, R.W. (1974). *Macropolitics: International Relations in a Global Society*, Nova York, Knopf.

Strange, S. (1996). *The Retreat of the State*, Cambridge, Cambridge University Press.

Tamir, Y. (1993). *Liberal Nationalism*, Princeton, Princeton University Press.

Therborn, G. (1977). "The rule of capital and the rise of democracy", *New Left Review*, 13.

Thompson, G. (1998a). "Globalization versus regionalism?", *Journal of North African Studies*.

_____. (1998b). "International competitiveness and globalization", in T. Baker e J. Köhler (orgs.), *International Competitiveness and Environmental Policies*, Brighton, Edward Elgar.

_____. e J. Allen (1997). "Think global and then think again: economic globalization in context", *Area*, 29 (3).

Thompson, J. (1998). "Community identity and world citizenship", in Archibugi et al., 1998.

Thompson, J.B. (1990). *Ideology and Modern Culture*, Cambridge, Polity Press.

_____. (1995). *The Media and Modernity*, Cambridge, Polity Press.

Thompson, K.W. (1994). *Fathers of International Thought: The Legacy of Political Theory*, Baton Rouge, Louisiana State University Press.

Tilly, C. (org.) (1975). *The Formation of National States in Western Europe*, Princeton, Princeton University Press.

Turner, B.S. (1986). *Citizenship and Capitalism*, Londres, Allen and Unwin.

Tyson, L. (1991). "They are not us: why American ownership still matters", *American Prospect* (inverno).

UNCTAD (1998a). *The Least Developed Countries 1998*, Genebra, Conferência de Comércio e Desenvolvimento da ONU.

_____. (1998b). *Trade and Development Report 1998*, Genebra, Conferência de Comércio e Desenvolvimento da ONU.

_____. (1998c). *World Investment Report 1998*, Genebra, Conferência de Comércio e Desenvolvimento da ONU.

_____. (2000). *World Investment Report 1999*, Genebra, Conferência de Comércio e Desenvolvimento da ONU.

UNDP [Programa de Desenvolvimento das Nações Unidas] (1997). *Human Development Report 1997*, Nova York, Oxford University Press.

_____. (1998). *Globalization and Liberalization*, Nova York, Oxford University Press.

_____. (1999). *Globalization with a Human Face: Human Development Report 1999*, Nova York, Oxford University Press.

UNESCO (1950). *World Communications Report*, Paris, Organização Educacional, Científica e Cultural das Nações Unidas.

_____. (1986). *International Flows of Selected Cultural Goods*, Paris, Organização Educacional, Científica e Cultural das Nações Unidas.

_____. (1989). *World Communications Report*, Paris, Organização Educacional, Científica e Cultural das Nações Unidas.

Union of International Associations (1996). *Yearbook of International Organizations 1996-1997*, Munique, K.G. Saur.

Van der Pijl, K. (1999). *Transnational Classes and International Relations*, Londres, Routledge.

Wade, R. (1990). *Governing the Market: Economic Theory and the Role of Government in East Asian Industrialization*, Princeton, Princeton University Press.

Wallerstein, I. (1974). *The Modern World System*, Nova York, Academic Press.

Walters, A. (1993). *World Power and World Money*, Brighton, Harvester.

Waltz, K. (1979). *The Theory of International Politics*, Nova York, Addison-Wesley.

Walzer, M. (1983). *Spheres of Justice: A Defence of Pluralism and Equality*, Oxford, Martin Robertson.

Weiss, L. (1998). *State Capacity: Governing the Economy in a Global Era*, Cambridge, Polity Press.

Wood, A. (1994). *North-South Trade, Employment and Inequality*, Oxford, Oxford University Press.

Woods, N. (1999). "Order, globalization and inequality in world politics", in A. Hurrell e N. Woods (orgs.), *Inequality, Globalization and World Politics*, Oxford, Oxford University Press.

Yergin, D.A. e J. Stanislaw (1998). *The Commanding Heights*, Nova York, Simon and Schuster.

Young, O. (1972). "The actors in world politics", in J. Rosenau, V. Davis e M. East (orgs.), *The Analysis of International Politics*, Nova York, Cornell University Press.

Zacher, M. (1992). "The decaying pillars of the Westphalian temple", in J.N. Rosenau e O.E. Czempiel (orgs.), *Governance without Government*, Cambridge, Cambridge University Press.

Zevin, R. (1992). "Are world financial markets more open?", in T. Banuri e J.B. Schor (orgs.), *Financial Openness and National Autonomy*, Oxford, Oxford University Press.

Zürn, M. (1995). "The challenge of globalization and individualization", in H.-H. Holm e G. Sørensen (orgs.), *Whose World Order?*, Boulder, Westview Press.

Este livro foi composto pela TopTextos Edições Gráficas, em Agaramond, e impresso por Cromosete Gráfica e Editora.